U0513873

嵇康傳

王曉毅

——著

上海古籍出版社

图书在版编目(CIP)数据

嵇康传 / 王晓毅著. —上海：上海古籍出版社，
2022.8(2025.7 重印)
　　ISBN 978 - 7 - 5732 - 0362 - 5

　　Ⅰ. ①嵇… Ⅱ. ①王… Ⅲ. ①嵇康(224~263)—传
记 Ⅳ. ①B235.3

　　中国版本图书馆 CIP 数据核字(2022)第 119088 号

嵇康传

王晓毅　著

上海古籍出版社出版发行

(上海市闵行区号景路 159 弄 1 - 5 号 A 座 5F　邮政编码 201101)

(1) 网址：www.guji.com.cn

(2) E-mail：guji1@guji.com.cn

(3) 易文网网址：www.ewen.co

启东市人民印刷有限公司印刷

开本 787×1092　1/32　印张 9.75　插页 3　字数 165,000

2022 年 8 月第 1 版　2025 年 7 月第 6 次印刷

印数：12,301—15,400

ISBN 978 - 7 - 5732 - 0362 - 5

B·1270　定价：48.00 元

如有质量问题,请与承印公司联系

不见那涧绿水，

我钓秋风。

多想捞起那个冤魂，

垂一条思念的绳……

　　　　　　　　——孔孚

目录

前言

　　自由旷达、清俊通脱的魏晋风度，在中国文化史上留下浓墨重彩的一页，前无古人，后不见来者。"一种风流吾最爱，魏晋人物晚唐诗。"（大沼枕山语）自 1982 年攻读硕士学位起至今，我一直在魏晋名士间神游，建安七子、正始名士、竹林七贤、元康八达、江左王谢。研究论著最多的，当然是玄学大师王弼与郭象。但是如果问我最喜欢的人，无疑是嵇康。他的可爱之处，是真诚自然、光明磊落的人格。他自称是老庄的信徒，却"知其不可而为之"，以自己的生命，实践了儒家的智仁勇，是中国士大夫心中最完美的人格。

　　嵇康（223—262）字叔夜，谯郡铚县（今安徽宿县）人。三国时期魏国著名的思想家、文学家和音乐家，"竹林七贤"之一。

　　嵇康出身于官宦家庭,幼年丧父,在母亲与哥哥有慈无威的抚育下,养成了真率自然、旷达不羁的性格。他不拜倒在某一经师门下,而是以兴趣为师。博览诸子百家,尤好老庄;精通丝竹管弦,琴技特妙。成年之后,出落为一多才多艺、潇洒倜傥的美少年。与沛王曹林的女儿长乐亭公主结婚,任中散大夫,史称嵇中散。

　　嵇康世界观形成之时,也是魏晋玄学的诞生之际。从正始元年开始,玄学清谈在洛阳萌发,迅速波及北中国。新一代中青年士族思想家登上历史舞台,创立了以儒道融合为特征的正始玄学。长乐亭公主的姑夫何晏,是这场思想变革的领袖。嵇康积极投入其中,到洛阳参加学术清谈并著书立说,发表了《养生论》《声无哀乐论》《难宅无吉凶摄生论》《明胆论》和《释私论》等不朽名篇。在何晏、王弼贵"无"本体论政治哲学的玄学主流之外,提出新的玄学理论:不是以"有无"关系及本末体用思维方法,而是以元气论及象数思维方法为理论基础,从生命价值、艺术审美、理想人格和命运之谜等方面展开了"名教即自然"的玄学主题,匠心独运,成一家之言。嵇康的玄学理论,不仅丰富了正始之音的理论内涵,而且对玄学元气论生命哲学流派的理论与实践,产生了深远的历史影响。

　　正始十年,以司马懿为代表的老资格保守派官员发动了高平陵政变,正始玄学的政治骨干遭到了毁灭性打击。何晏等人被杀,一批正始名士集团的官员被罢免,政治形势急转直下,蓬勃发展的思想解放热潮随之淹没在名教之治的冰水之中。尔后,司马氏集团又高举名教大旗,不断消灭各地亲曹力量,废立傀儡皇帝,准备"禅代"。在这种形势下,嵇康曾一度与阮籍、山涛、向秀、刘伶、阮咸、王戎等人在家乡山阳园宅的竹林中饮酒清谈,观察局势的变化,历史上"竹林七贤"的传说,即发生在此时。当司马氏稳操左券,竹林七贤分化,一部分名士投靠司马氏后,嵇康陷入了深刻的失望与苦闷之中,甚至一度遁入山林学道,企图彻底逃避政治的困扰。

当"禅代"已成定局,全社会都向司马氏屈服的时候,嵇康却断然结束了隐士的生活,挺身而出,以命相许了。他是一个思想性格十分矛盾的人物,虽然口头上自称是老、庄自然无为思想的信徒,并且的确是追求"目送归鸿,手挥五弦"的人生境界,但却无法摆脱作为曹魏王亲的责任感,表现出"知其不可而为之"的近乎偏执的儒家精神。针对司马昭的名教之治,他以激烈的反传统形象出现。出山后,到洛阳太学活动,发表文章《难自然好学论》,攻击司马氏倡导的读经活动,以至激烈地否定儒家文化的全部价值。

面对嵇康的挑战,司马氏集团首先采取了收买政策,由山涛禀旨出面请稽康入仕当官,接替自己任吏部郎,遭到了拒绝。稽康借机写了《与山巨源绝交书》,"非汤、武而薄周、孔",矛头直指"禅代",触犯了司马昭的忌讳。为了拔掉这个眼中钉,司马氏集团于景元三年,借吕安案杀害了稽康。临刑前,稽康神色自如,索琴弹奏《广陵散》,从容就义,时年39岁。

鲁迅先生说:悲剧就是将人生有价值的东西毁灭给人看。三十年前写《稽康评传》时,我还没有到不惑之年,血管里燃烧着的青春血液还没有冷却,写到稽康在法场从容就义时,泪水模糊了双眼。惋惜、激昂而无回天之力,只能动情地写道:"在场的活人都会衰老,而稽康永远不会变老,在千秋万代的历史记忆中,永远是39岁。"于是将孔孚的一首小诗印在该书的扉页上,概括稽康悲剧的一生。

> 不见那洞绿水,
>
> 我钓秋风。
>
> 多想捞起那个冤魂,
>
> 垂一条思念的绳……

最让人为之动容的,是稽康在洛阳东市临刑前的平静。

庄子说:"夫水行不避蛟龙者,渔父之勇也;陆行不避兕虎者,猎夫之勇也;白刃交于前,视死若生者,烈士之勇也;知穷之有命,知通之有时,临大难而不惧者,圣人之勇也。"刑场上,嵇康平静地欣赏着自己阳光下的身影。行刑的时刻临近,时间不多了,他弹起了千古绝唱《广陵散》。日影在移动,嵇康的生命开始了倒计时。他旁若无人,弹得非常投入,将自己生命最后的活力融入琴声中。一切情感都宣泄了,他唯一的遗憾是:"袁孝尼尝从吾学《广陵散》,吾每固之不与。《广陵散》于今绝矣!"这是嵇康留给世界的最后一句话。竟然,他此刻关心的是音乐,是《广陵散》可能失传,而已经忘了自己。

嵇康以庄子的学生自居,在离开这个世界时,达到了道家生命哲学的最高境界——"忘我之境"。在此,将孔孚的另一首小诗献给他:

先生别来无恙?
你可还在迷恋庄周?

我倒是想活在你的诗里
一叶足够。

引子

在一个十分遥远的年代,有一户姓奚的人家,因躲避仇人的血腥报复,扶老携幼从原籍会稽上虞(今浙江上虞)北渡长江向中原地区落荒而逃,最后在谯郡铚县(今安徽宿县)的嵇山脚下定居了。① 为了彻底摆脱仇家的追踪而不留痕迹,必须抛弃原来的姓氏。然而,在注重宗法血统的中国古代社会,偷偷改易姓氏毕竟是件耻辱的事情,为了求得心理的平衡,他们选择了"嵇"字为姓。"嵇"与"稽"同音,既暗示着自己与原籍会稽的历史联系②,又使仇人无从查找。于是,嵇山下出现了一个新的

---

① 《晋书》卷四十九《嵇康传》:"其先姓奚,会稽上虞人,以避怨,徙焉。铚有嵇山,家于其侧,因而命氏。"

② 嵇康兄嵇喜作《嵇康传》说:"家世儒学。"实际上欲盖弥彰。侯外庐认为:"《嵇氏谱》述康先世,仅举父兄……嵇喜所作《康传》,则极笼统地说:'家世儒学。'俱未举出其先世有怎样辉煌的人物。"（转下页）

嵇氏家族。

　　说不清多少岁月过去了，当年的避难者和复仇者都早已化为历史的尘埃。嵇氏的后代虽然未遭到祖上留下的遗祸，但在高门大姓把持地方政治的时代，此寒素家族，没有能冒出光宗耀祖的显赫人物。这种情况一直延续到东汉末年的战乱。

　　在汉魏之际的社会大动荡年代，嵇氏家族所居的谯郡①，由于诞生了曹操，也给沛、谯地区的寒素土豪带来了平步青云的机会。在曹操开始起兵的艰难岁月，这一地区的许多家族集体参加了曹操的部队，于是若干年后的曹魏帝国中，沛、谯出身的官员是一支不可忽视的政治力量。这些当年的土豪寒素与高门大姓的后代相融合，构成了曹魏新贵，开尔后魏晋南北朝士族社会之先河。正是在这场社会大崩溃与大改组的历史机遇中，默默无闻的嵇氏家族出现了第一位正史留名的人物嵇昭，字子远，于曹丕登基的黄初年间，任"督军粮治书侍御史"一职，官阶六品（相当于大县的县令），是中央政府负责监察

（接上页）"考康家居谯，乃曹魏发迹之地，则其父由贱族而攀附升腾，实极为可能之事。"（侯外庐《中国思想通史》第三卷《嵇康的心声二元论及其社会思想、逻辑思想》）

① 曹操为谯县人，谯、铚二县汉代属沛国，相邻。曹魏时改谯县为郡，辖铚县。

军粮事务的专员,因而嵇昭的家室自然要迁至其任职的首都洛阳附近。像当时大多数官员那样,这位侍御史亦被修建乡间庄园别墅的风尚所裹挟,在距洛阳约 80 公里的河内郡山阳县附近购置了园宅,定居下来。[①]

本来,一个微不足道的六品小官是不可能载入史册的,理应像芸芸众生一样在历史的记忆中被扫荡得干干净净,然而其小儿子嵇康在中国文化史上的地位,不仅使史家不得不记下了其父嵇昭之名字与官职,而且其山阳县新居附近的秋山,亦被当地后人改名为"嵇山"。

[①] 嵇昭早亡,故嵇康母兄购置产业的可能性不大。从曹魏历史地图看,山阳位于河内郡之野王、汲县屯田重镇之间,而督军粮治书侍御史工作可能又与监察屯田军粮有关,故山阳别墅庄园置于嵇昭时可能性最大。

第一章
梦　想

一、幼　年　丧　父

黄初四年(223),嵇康诞生了。

翻开中国哲学史的年谱,不难发现黄初后期是一个少年才子云集出世的时间。也许冥冥中真有左右人类命运的神秘宇宙意志,也许是时势造英雄,总之自黄初四年开始,鬼使神差似地依次降生了嵇康、钟会、王弼三个早熟的少年怪才,他们十几岁时就已经是因创建玄学理论而闻名天下的大思想家了。他们的存在,影响了中国文化的历史走向,这不能不说是一个奇迹。天才们得以成长的历史机遇是共同的:汉魏之际几近空白的思想舞台痛苦地呼唤着文化伟人的出现。但是天才各自独特的生活道路,却使他们在未来的早期玄学悲喜剧中扮演着不同的角色。出身儒学世家的王弼，扮演了抽象的思维哲人；出身刑名世家的钟会走向了政治功利；而本书的主人公稽康呢？他那孤傲洒脱的气质、恣肆汪洋的文采、直面人生的勇敢和那几乎是他着意造成的自我毁灭的悲剧式结局，都离不开其混沌时代的人生机遇。

幼年丧父母、中年丧妻和晚年丧子被视为人生三大不幸。稽康一来到人间，就遇到了第一大不幸——当他尚在襁褓中时，父亲就命归黄泉了。

汉魏时期，政府官员的薪金很低，那些仅靠官俸不贪污又不治私产的官员死后，家中往往穷得徒有四壁，妻子儿女只得居草屋作苦工维持生计，刺史、太守子弟砍柴放牧的记载不绝于史书。对家境贫寒之官宦子弟中的文化天才来说，幼年丧父之大不幸所换来的某种自由，会在生存的重压下失去意义，因为幼年的饥饿会造就过于务实的品质，即使日后不变成鼠目寸光的庸人，那些为撞开仕途大门而在牛背上苦读圣贤书的神童，步入官场后也一般难有"目送归鸿，手挥五弦"的浪漫气质。从这个意义上看，稽康是幸运的，那位早逝的"督军粮侍御史"父亲，在为国理财的同时，也没有忘记料理家财，留下了使妻儿免于冻馁的产业，而长兄的艰苦经营又成功地撑起了门户，使稽康得以生活在不愁温饱的小康之家中。①

也许是出于对孤幼的深切怜悯,母亲和兄长对嵇康的养育方式属于溺爱型,完全不加管束,"有慈无威"②,使其得以随心所欲地生活。③

这种无拘束的生活方式,可称之为"天才的懒散与凌乱",对文人气质的培养起着潜移默化的作用。人的精力是有限的,如果对现实生活过多注意,那么超越现实的力量则必然削弱。只有忽视或暂时忘却生活琐事,才能真正投入精神境界,在艺术遐想或哲理思辨中遨游。汉末名士陈蕃不肯洒扫庭院,"大丈夫处世,当扫除天下,安事一室乎!"④这是因为他生活在救世精神境界中;嵇康赖床,是因为他沉浸在艺术世界的畅想中,这是日后创作的思想体操。

"母兄见骄",不加管束的范围,并非仅仅局限于日常生活起居方面,他们对嵇康的文化教育也放任自流。所以当与嵇康同辈的钟会正在其母张夫人的严厉管教下,按传统的训练程序背诵儒家经典⑤,在枯燥的教条中挣

---

① 嵇康《五言诗三首答二郭》:"昔蒙父兄祚,少得离负荷。"
② 嵇康《与山巨源绝交书》。
③ 嵇康《与山巨源绝交书》:"头面常一月十五日不洗,不大闷痒,不能沐也。每常小便而忍不起,令胞中略转,乃起耳。"
④ 《后汉书》卷六十六《陈蕃传》。
⑤ 《三国志·魏书》卷二十八《钟会传》注引《张夫人传》:"夫(转下页)

扎时,稽康则是生活在"不训不师"的环境中①,没有任何固定的老师来教授其学问。这种状况一方面是由于稽康母兄的溺爱,另一方面则是由曹魏初期特殊文化环境造成的,因为那个时代精神世界的"父亲权威"——汉代经学刚刚死亡。

　　两汉时期学习的主要途径是拜师求学。这是因为汉代选官制度选材标准有二,一是有道德操行,二是要通一种经书。经学有严格的师承关系,没有师授的学历,政府不予承认。在仕途的刺激下,汉代师学十分发达,一个著名经师门下甚至要聚集成百上千的学生。曹魏帝国建立后,虽然也号召人民读经就学,但是选官制度却向变相世袭制转化,优秀的经师及生徒都得不到高官,因此,求师读经的风气一落千丈。魏明帝时期,也就是稽康的少年时代,师学形式已衰落到了极点——连官方太学也已经变成青年人逃避兵役徭役的避难所②,一般私人经师则

(接上页)人性矜严,明于教训,会虽童稚,勤见规诲。年四岁授《孝经》,七岁诵《论语》,八岁诵《诗》,十岁诵《尚书》,十一诵《易》,十二诵《春秋左氏传》《国语》,十三诵《周礼》《礼记》,十四成侯《易记》。"

① 《稽康集》卷一《幽愤诗》。
② 《三国志》卷十五《刘馥传》:"自黄初以来,崇立太学二十余年,而寡有成者,盖由博士选轻,诸生避役,高门子弟,耻非其伦,故无学者。"又《三国志》卷十三《王肃传》:"太学诸生有千数,而诸博士率皆粗疏,无以教弟子。弟子本亦避役,竟无能习学……百人同试,度者未十。是以志学之士,遂复陵迟。"

更难有人问津,因而家学传统在对后代的教育中起着十分重要的作用。嵇康家族不同于钟会、王弼这些东汉以来的名门望族,恐怕没有什么系统的家学渊源。可见,嵇康未接受系统的儒家经师的教育也是顺理成章的。

在没有固定教师的情况下,嵇康是怎样学习文化知识的呢?既然"学不师授",大概只有"越名任心"了。① 译成现代汉语,就是按自己的理解去博览群书。其实,再高深的大道理,均可以用简单的语言去表达理解,去掉人为的屏障,真理就在眼前。俗话说,"无法之法,是谓至法"。鲁迅说,地上本来没有路,走的人多了,也便成了路。

汉魏之际的中国思想界,正处于一种无路可走的境地。汉代经学的思想大厦因为名教的破产已经在知识分子心中倒塌了。曹魏政府的刑名法术,仅仅能应付社会政治法律方面的实际问题,而精神世界的深层,却是一片空白。这个空白并非真空,它犹如中国哲学中的那个"无",其实是一个充满生机的混沌的全有。各种思想都在萌动,中国文化正处在新的"百家争鸣"的前夜。以道家人性自然与儒家社会伦理相融合为特征的魏晋玄学即将诞生。所谓玄学思潮,其本质不过是一代青年知识分子心灵的汇合。在共同的时代矛盾促使下,年轻一代思

---

① 嵇康《与山巨源绝交书》:"母兄见骄,不涉经学。"

想家正以他们天才的敏锐,不约而同地找到了新的共同的精神武器,在各自的灵魂深层,爆发了一场对传统观念的自我革命。稽康的学思历程,就是这场思想变革的历史缩影。他自认为找到的精神导师,就是道家的老庄。"老子、庄周,吾之师也。"①

"着意栽花花不活,无心插柳柳成荫。"走所谓"正路子",苦学苦读会学成呆子,而按兴趣走"野路子",融学习与游戏于一体,却成了一代大家。稽康正是在这种自然而然的自学过程中,对各种学问技艺达到融会贯通的境界②,这固然与稽康的天才禀赋有关,但是他师心自任的学习方法亦是不可忽视的。学习的目的在于创新,如果一个人完全按前人的脚印前进,在与前人相同的生命历程中,自己能走多远? 离开前人足迹走向荆棘丛生的荒原,每迈出真正的一步,都创造了历史。稽康少年时代的学习过程,又是文化的拓荒,所以当他成年之时,已经是著名的思想家、文学家和音乐大师了。哲学方面写出了《养生论》;文学方面已在诗坛崭露头角;音乐方面精通各种乐器,除了琴技为一代巨匠外,还是著名音乐理论家,写出了《声无哀乐论》这一千古名篇。这些惊人的成就,与他少年时代融认知与审美于一体的独特生命感受息息相关。

① 稽康《与山巨源绝交书》。
② 《晋书·稽康传》:"学不师受,博览无不该通。"

二、目送归鸿，手挥五弦

嵇康的青少年时期是在河内郡山阳县度过的。那是一个山明水秀的好地方，北倚太行，南临黄河，因位于太行山脉的南麓，而名之为"山阳"。嵇氏园宅位于山阳县城外东北二十里处的秋山脚下。[①] 这里茂林翠竹密布，山泉清流环绕，西南有天门山、白鹿山，"孤岩秀出"，与雄伟神奇的太行山相接。在生态平衡未被破坏的一千七百年前，这里无疑是一片郁郁葱葱充满生机的自然风光。因居住在山阳城东邻这片美丽的山野之中，嵇康在其诗文中时时自称为"东野子"或"东野主人"。[②]

也许是唤起了若干万年前积淀于人类潜意识中的神秘记忆，发出了回归遥远故乡的信息，大自然永远散发着诱人的魅力。艺术家敏感的心弦最容易为之发出强烈的振颤。诗人气质的嵇康从少年时代起，就与大自然结下了不解之缘。他经常与亲朋好友，踏遍故乡的原野青山，

---

① 《艺文类聚》六十四引郭缘生《述征记》："山阳县城东北二十里，魏中散大夫嵇康园宅，今悉为田墟，而父老犹谓嵇公竹林地，以时有遗竹也。"又《太平寰宇记·怀州·修武县》："山阳城北有秋山，即嵇康之园宅也。"道光《修武县志》："嵇山即解虎坪，在百家寺前……土人亦呼为嵇山，因嵇康得名也。"
② 《嵇康集》卷五《声无哀乐论》。

一景一物、一草一木都会深深地感动着他。早春的嫩草，深秋的大雁，碧绿的原野，清澈的山泉，无不使他怅然凝神，"日夕忘归"。[①] 他喜欢用"青"的色彩去形容景物，如"青林""青鸟"等等，从中流露出对自然生命的挚爱；他喜欢兰花和玉石的品质，它们象征着君子的清雅与坚贞；他喜欢高蓝的天空，那里有永恒的太清之境。大自然神奇的天籁在嵇康的心灵中触发了深沉的生命原声和弦，化为一首首不朽的诗篇和乐章，在中华民族精神世界激起永不消逝的历史回声。

道家的人生哲学强调自然，而儒家理想中最高的生命境界与道家并无二致，都是真诚与自然的人生。《论语·先进》记载，孔子与子路、曾晳、冉有、公西华四位学生坐在一起畅谈人生，孔子让他们各自说一个最向往的人生理想。子路、冉有、公西华的理想都是兴邦治国，建立功业，孔子对此不置可否，而当曾晳说出自己的志向时，孔子不禁为之动情。曾晳说，他最大的理想是：阳春三月，换上春装，与五六位好朋友带着六七个孩子去远足踏青，在沂河中洗澡，到舞雩台上，让和煦的春风尽情地吹拂，一路唱着歌回家。

美丽的大自然、真挚的友谊和动人的歌声，表达了一

---

① 《嵇康集》卷一《赠兄秀才入军十八首》。

种积极的生命自由境界,它是儒家的真诚,道家的自然,也是玄学的自由之境。青少年时代的嵇康正是在这种与山林、朋友、音乐之间真挚的心灵交流中,体验着、深化着"自然"和"真诚"的哲学。

嵇康喜欢与知心朋友一起漫游在大自然中,在他的诗文中充满了这类描写:交颈戏水的鸳鸯,携手云游的赤松、王乔,诸类艺术形象都表达了他对自由生活的神往。"结友集灵岳,弹琴登清歌。"①"携我好仇,载我轻车,南凌长阜,北厉清渠。"②"鸳鸯于飞,啸侣命俦。朝游高原,夕宿中洲。交颈振翼,容与清流。"③"结好松乔,携手俱游,朝发泰华,夕宿神洲,弹琴咏诗,聊以忘忧。"④

艺术天才往往有一种深切的宇宙孤独感,需要高层次的深刻理解。曲高和寡,知音难得。父母夫妻兄弟在这一精神层面,可能会咫尺天涯,而萍水相逢的朋友,却可以无言神解。

《庄子·徐无鬼》记载,惠子是庄子的朋友,亦是论战的对手。有一次,庄子参加葬礼,路过惠子的坟墓时,对旁边的人说:"有位郢人(家居楚国都邑郢地之人),鼻尖

① 《嵇康集》卷一《五言诗三首答二郭》。
② 《嵇康集》卷一《赠兄秀才入军十八首》。
③ 《嵇康集》卷一《赠兄秀才入军十八首》。
④ 《嵇康集》卷一《赠兄秀才入军十八首》。

上沾了一点白灰,薄如蝇翼,于是请其朋友匠石替他削掉。匠石挥起大斧,呼啸作响地猛劈过去,削掉了白灰而丝毫没有伤着鼻子,郢人亦原地站立面不改色。宋元君听到这事,就把匠石召来,请他再表演一下,匠石回答:'我过去有这种绝技,但是现在丧失了,因为能使我发挥技巧的对象郢人,已经去世了。'自从惠子死后,我没有与之辩论的人,也就无从辩论了。"庄子伤感的故事给嵇康留下了深刻印象,他能够理解庄子的悲哀,以至于在其诗文中时时流露,以表达自己对挚友知音长别的怀念:"郢人逝矣,谁可尽言。"①"郢人忽以逝,匠石寝不言。"②

嵇康少年时代的好友,已无法考证。像多数少年一般将友情集中在兄长身上那样,嵇康这一时期精神上的郢人,大概是其哥哥嵇喜。③ 嵇氏兄弟与现代史上的鲁迅兄弟友情相似,少年时情同手足,后来却分道扬镳。日本留学时的鲁迅,赠其弟周作人的诗,写得何等真挚! 一千六百年前嵇喜被选为秀才入仕,嵇康的诗作亦写得何等感人:

① 《嵇康集》卷一《赠兄秀才入军十八首》。
② 《嵇康集》卷一《五言一首与阮德如》。
③ 嵇康兄弟人数不详,嵇喜似乎不是抚养具成人的长兄。因为其长兄于公元 260 年之前逝世,而嵇喜则在嵇康死后,为其著《嵇康传》。从两人的行文看,嵇喜与嵇康的年龄相差不会太大。

> 我友焉之，隔兹山梁。
>
> 谁谓河广，一苇可航。
>
> 徒恨永离，逝彼路长。
>
> 瞻仰弗及，徒倚彷徨。
>
> 人生寿促，天地长久，
>
> 百年之期，孰云其寿？
>
> 思欲登仙，以济不朽。
>
> 揽辔踟蹰，仰顾我友。
>
> 《嵇康集》卷一《赠兄秀才入军十八首》）

嵇氏兄弟少年时代的手足之情跃然纸上：诚心所至，一苇可航，即使成仙升天，仍犹豫回首张望兄长。然而几十年后，一个成了司马氏的叛逆，一个当了司马氏的高官。

在嵇康的生活中，永远与大自然、友情联系在一起的是琴声。在他的抒情诗中，几乎篇篇有景、有情、有琴，三位一体。嵇康的朋友，大都是丝竹高手和音乐爱好者，他们漫游原野，弹琴唱歌。"结友集灵岳，弹琴登清歌。"

嵇康通晓各种乐器[1]，而琴技最为突出，堪称一代国手。魏晋时期士人往往多才多艺，最优秀的乐器演奏家不是伶人伎女，而是文人名士。在那个文化混沌的时代，

---

[1] 《晋书》卷四十九《向秀传》引向秀《思旧赋》："嵇博综技艺，于丝竹特妙。"

许多伟人既是政治家、诗人,又是艺术大师。魏晋名士不同于封建社会后期八股取士后呆气十足的腐儒,还保存着人类原始的自然活力。他们不仅是艺术的外在欣赏者,而且是直接参与者。嵇康、戴逵、贺循的琴,阮咸、谢尚的琵琶,桓伊的笛,王敦的鼓,谢尚的舞,都不同凡响。在众多的器乐中,魏晋时代琴最为流行,一段时间里,名士们几乎人手一琴,普及程度类似现代吉他。而琴在当时器乐中的地位,即表现音乐形象复杂程度,则类似现代的钢琴,层次最高。

器乐的练习必须从少年时代开始,嵇康也不例外。他自幼酷爱音乐,随着年龄的增长而勤学苦练。据传说,嵇康的琴技曾得到神灵高手的点化。《晋书·嵇康传》说,嵇康曾到洛阳西郊野游,夜晚在华阳亭露宿,夜深人静之时独自弹琴月下,忽然有位客人来到面前,自称是古人。他先与嵇康清谈乐理,后索琴弹《广陵散》一曲,声调绝伦。教授嵇康后,忽然不见。《灵异志》则描绘得更加活灵活现:嵇康夜晚在华阳亭中弹琴,忽听到空中有赞美之声,他"抚琴呼之",空中声音自称幽灵,在此地沉寂几千年之久,今天被优美的琴声感动。幽灵现形后,手提着断头与嵇康清谈琴技,教其名曲《广陵散》。① 一说,此

---

① 《太平御览》卷五百七十九引《灵异志》。

鬼非千古幽灵,而是已故汉末名士蔡邕。他称嵇康琴声甚美,当听出其中一根弦的声音不准时,"调之,声更清婉"①。以上纯系虚构的记载,从一个侧面反映出嵇康琴技不同凡响。

嵇康著《琴赋》一文,在序文中指出:在人的一生中,音乐具有永恒的存在价值。任何美味佳肴都会使人最终产生厌腻感,而对音乐的精神需求却永远不会消失。音乐可以陶冶情操,使心理平衡。处于穷困潦倒的境遇而不感到孤独抑郁,使生命充满活力。在各种乐器中,琴的传情功能最佳,表现的音乐形象最丰富,所以"琴德最优"。在赋文中,他对优质琴木的生成、选择,名琴的制作工艺、演奏技法,音质音色、各种琴曲的音乐意境都作了淋漓尽致的描述。

任何一把名琴的诞生,首先必须有优质的琴木和制琴大师,古今中外制造各种类型的琴均是如此。例如,著名的17世纪意大利克里蒙那镇云集了提琴制造巨匠,他们制造的小提琴是现代人无法超越的绝世珍品,尽管其制造工艺至今仍是谜,但对原料的选择却是同样严格。相传这些大师们经常漫步在伦巴底的森林中,找寻最好的枞树做提琴的表面,最好的枫木做琴背。中国的古琴

---

① 《太平御览》卷六百四十四引《语林》。

亦然。相传东汉末年的大文豪蔡邕对古琴的制造和演奏有独到之处。有位吴人烧梧桐木做饭,蔡邕听到火烧木材的响声便知道是难得的琴木,迅速将木头从火中抢出,制作了一把音色甚美的琴,因该琴尾部的木料已被烧焦,故称此琴为"焦尾琴"。① 稽康显然精通此道,他在《琴赋》的开篇就以神奇的笔调绘声绘色地描述:一棵优质梧桐木在近乎仙境的深山中吸取天地日月之精华,静静地生长了一千年。一群隐居的名士翻山越岭无意中发现了它,高兴得"心慷慨以忘归",取良材,运匠心,以钟山美玉为琴徽,神蚕之丝为琴弦,刷上翠绿的颜色,绘以精美图案,加以犀角象牙的装饰,尔后试调琴弦,轻轻拨动,"新声嘹亮……角羽俱起,宫徵相证……美声将兴"②。一把音质纯正、音色奇美的名琴诞生了。

稽康在《琴赋》中对古琴的演奏技巧、指法、音质、音色、著名琴曲作了绘声绘色的描述,尽管所用形容词在现代汉语中已经死亡,难以准确译出,但是从中仍可感受到清脆悦耳的古琴演奏之美妙:"尔乃理正声,奏妙曲,扬白雪,发清角……状若崇山,又象流波,浩兮汤汤。"其音乐形象有时雄伟浑厚,使人联想巍峨的楼观、壮丽的宫宇;有时清峻冷静,如冬天的夜晚,寒冷的月光。"若乃高轩

---

① 《后汉书》卷六十七《蔡邕传》。
② 《稽康集》卷二《琴赋》。

飞观,广夏闲房,冬夜肃清,朗月垂光。"有时则温柔和悦,如迎面春风,一群青春焕发的少年书生,在春光明媚的三月,在漫山遍野的兰花丛中,在清清的小溪旁放歌醉舞。①

当演奏大师的技巧达到出神入化的地步,思想不再有意控制手的动作,而畅游于音乐意境中时,才能自然地表达出音乐的神韵。"器冷弦调,心闲手敏,触搬如志,唯意所拟",这是演技的最高境界,能奏出"声若自然"的音乐;当听众完全被音乐陶醉,已忘掉演奏,感觉不到旋律的流动,与音乐融为一体时,才达到了音乐欣赏的最高境界。这是一种不为外物所累,物我两忘的自由之境。

自然的山水、自然的友情与自然的音乐,共同形成了生命的自然之境。道家的"自然"已不再是一个抽象枯燥的哲学范畴,而是一种活生生的存在方式,它悄然渗入了青少年嵇康的情感本体之中,预示着他未来人生价值观的基本倾向:追求一种无累的人生,自然的人生,难以用理性语言论说,只能用嵇康本人的诗歌去展现其神韵,那就是"目送归鸿,手挥五弦"的生命境界。

---

① 《嵇康集》卷二《琴赋》:"若夫三春之初,丽服以时,乃携友生,以遨以嬉。涉兰圃,登重基,背长林,翳华芝,临清流,赋新诗。"

三、混沌巳死

嵇康少年时代憧憬的人生理想，在冷酷的现实生活中只不过是一个无何有之乡，逃避现实而仅仅生活在审美境界中，就像抓住自己的头发离开地球一样不可思议。现实中外在的利害和内在的是非观念将不断迫使他作出有违初衷的选择。随着嵇康年龄的增长，一个横亘在几乎所有官宦子弟面前的人生岔路口同样出现在他的眼前：入仕当官或躬耕归隐。

俗话说，自古华山一条路。在官本位的古代中国，读书人的出路似乎只有入仕一条。嵇康少年时代的亲友在步入成年之际，纷纷离开了他，奔向了诱人的官场。每当这种时刻来临时，嵇康总是陷入深切的惆怅之中。在他的诗中，朋友们一起在原野中远足漫游，弹琴唱歌，犹如天空中自由飞翔的鸾凤，水中从容嬉戏的鸳鸯。步入仕途，则像鸾凤落入棘丛，鸳鸯被罗网所缚：

> 何意世多艰，虞人来我维。
>
> 云网塞四区，高罗正参差。
>
> 奋迅势不便，六翮无所施。
>
> 隐姿就长缨，卒为时所羁。

> （《嵇康集》卷一《五言古意一首》）

乍看上去,似乎哪位朋友受到政府的迫害,岂不知诗中那位手里拿着网绳掌管山泽的"虞人",实际上是政府的选官大员,而"绑绳"并非索住囚徒的铁链,而是光宗耀祖的官服。真正的锁链是人内在的功名心。嵇康不愿步入仕途,希望继续自由自在地生活。"泽雉虽饥,不愿园林。安能服御,劳形苦心。"他企慕其精神导师庄子描述的那种无累的人生境界,而如何达到这一自由之境,庄子并没有指出一条光明大道,只留下了一部恣肆汪洋充满悖论的奇书和一个似隐似仕的矛盾形象。

《庄子》是一本对人类异化现象的抗议书。庄子反对物质文明进步对人性的扭曲,要求社会回归自然状态。然而他却清醒地看到社会发展的不可逆性。《庄子·应帝王》用沉重的笔调讲述了一个悲哀的神话故事:"南海的帝王名叫'急',北海的帝王名叫'快'①,中央的帝王名叫浑沌,'急'与'快'常到浑沌的领地去作客,浑沌招待他们很好。'急'和'快'商量报答浑沌:'大家都有耳目口鼻七窍,用来听、视、饮食、呼吸,唯独浑沌没有,我们试着替他凿开吧。'于是一天凿一窍,到了第七天凿完之后,浑沌死了。"庄子的寓言是说,人类的纯朴自然的生活状态已不复存在了,它被人类自己的急功近利之心给活活凿

---

① 《庄子·应帝王》:"南海之帝为儵,北海之帝为忽。"儵与忽均为疾速之意,此处故意译为"急"与"快",以达庄子寓指急功近利之意。

死了。

原始的浑沌已经死去,人类必将在功名利禄的诱惑下不可挽救地堕落下去。那么一个悟道的人,应当怎样生活才能超越社会的必然,达到自由之境呢?庄子并没有找到一个明确的答案,而是表现出矛盾倾向:①他一方面感到人类的不可救药,表现出对人类社会的冷漠,彻底否定一切文明的价值,要求彻底脱离社会遁入山林,最终以神仙境界为归宿,设计出一条出世的绝对逍遥之道;另一方面,庄子又无法摆脱中国知识分子关心社会人生的情结,幻想通过内圣外王之道,泯灭是非之心,在现实社会中相对逍遥。庄子不仅在理论上,而且在实践中也没有摆脱这种矛盾。在出世与入世、仕与隐的选择上,他时而仕,时而隐。据《庄子·秋水》说,庄子隐居濮水岸边垂钓,楚王派两位特使前往,请庄子出任高官,正在钓鱼的庄子头也不回就谢绝了。他以那只珍藏于庙堂的乌龟标本开导两位来使:"乌龟是希望死去留下尸骨被珍贵收藏呢?还是宁愿活着拖着尾巴在泥里滚爬呢?"两位使者回答:"当然宁愿在泥里滚爬。""那么好吧,"庄子说,"我也宁愿拖着尾巴在泥里滚爬。"看上去,庄子似乎选择了避世的隐士之路,然而,据《史记》说,庄子曾当过官,任宋国

① 余敦康《从〈庄子〉到郭象〈庄子注〉》一文,指出庄子在名教与自然关系上的双重态度,论证精当。本文从余先生之说。

的漆园吏。

尽管老庄道家亦讲内圣外王的现世逍遥,但与儒家强烈的入世精神相比,现世逍遥与出世逍遥已无根本差异,均属出世范围。因而在儒家思想占统治地位的两汉时期,老庄道家被视为隐士的代名词。隐居山林修炼采药的神仙方士,被称作道家;入朝廷居高官者被看作儒家。这种划分,略翻汉赋中的"七体赋",一目了然。那些形形色色的"七体赋"内容,都虚构了一个朝廷的儒家官员与隐居山林的道家隐士讨论处世哲学。"儒家"以功名利禄、荣华富贵引诱之,"道家"以淡泊寡欲、神仙得道自守之。此外,汉代亦有入世的"道家",即隐身于朝廷的"大隐士",东方朔就是代表人物,他身为太中大夫,外取贪污之名以和光同尘,自称"避世于朝廷间""避世金马门"①。

汉魏之际的社会大动荡中,道家的现世逍遥思想得到重新的重视,原因在于汉代儒家过于积极有为,创造出对人民进行道德教化的"名教之治",最后却导致了汉末的道德危机并引发了政治危机。于是,思想界开始寻找一条新的救世出路:不是积极地改造人,而是顺应人的自然本性;既有个人自由的精神生活,又不违背现实社会

---

① 《史记·滑稽列传》。

秩序。因此,老庄的内圣外王之道,现世逍遥的学说得到了新的发掘,以解决自由与必然、个人与社会之间的矛盾。可以说,魏晋玄学就是为调和这一矛盾而诞生的。社会必然与个人自由之间的矛盾,用玄学的语言表达,就是"名教与自然"的矛盾,正如庄子曾提出过两个解决办法那样,魏晋时期也产生了两个解决的命题:第一,名教同于自然,即庄子的现世逍遥、内圣外王之道;第二,越名教而任自然,即庄子的出世逍遥、神仙之道。前者是魏晋玄学的正宗,后者是玄学的变态。

　　嵇康15～20岁时,是正始元年—正始五年,也是魏晋玄学第一个流派——正始玄学兴起之时。何晏、王弼倡导的名教与自然一致、无为与有为不二的新思潮在青年知识界风靡一时。嵇康的兄长朋友,大多受这一思潮的影响,他们都准备去实践现世的逍遥,在功名利禄中,同样获得精神的自由快乐。例如嵇康写诗,对其兄入选秀才从军感到惋惜,认为将失去自然之性,而其兄在回赠嵇康的诗文中,对自己入仕作了如下解释:

其　一

……

逍遥步兰渚,感物怀古人。

李叟寄周朝,庄生游漆园。

时至忽蝉蜕，变化无常端。

其　二

君子体变通，否泰非常理。
当流则蚁行，时逝则鹊起。
达者鉴通机，盛衰为表里。
列仙徇生命，松乔安足齿？
纵躯任世度，至人不私己。

其　三

达人与物化，无俗不可安。
都邑可优游，何必栖山原。
孔父策良驷，不云世路难。
出处因时资，潜跃无常端。
保心守道居，睹变安能迁？

（《嵇康集》卷一《秀才答四首》）

一切似乎颠倒过来了，入仕当官的嵇喜以老子任周朝史官、庄子任漆园吏为依据，认为随时势变化而选择处世方式，和光同尘，才是真正得道家之旨，也是通达君子的应有品质。在朝廷照样可以精神逍遥，未必一定躲进深山心理才能平衡。苦练神仙术的消极避世者，不过是小道。

大道无术。真正得道的"至人"(生命境界最纯粹、最自然的人),是无心于是非得失,生活在物我两忘之境界的人。显而易见,稽喜的言论是正始玄学家的正统观点,何晏、王弼学说的翻版。

与同时代的绝大多数青年知识分子相比,稽康有比较强烈的越名教任自然的倾向。特殊的生活经历和自由感受以及艺术家的气质,使稽康自始至终不甚热衷仕途。在他的理想中,低层次的追求是以大自然、音乐为伴,自由自在地生活;高层次的追求是服食养生,步入仙境。假如稽康真正实践他的理想,那么历史上将会出现一位伟大的神仙道士,而不是一位慷慨任气的玄学名士。但事实上稽康不仅入仕,而且当了公主驸马。

为什么稽康要违背自己的心愿,步入官场呢?原因很简单:他要生存。因为在超经济剥削加官本位的古代中国,读书人实际上只有入仕一条出路。且不说物质财富,仅从个人自由着眼,亦是如此。在封建等级社会中,人们都在一定的等级中生活;大官压迫小官,小官压迫老百姓是天经地义的。自由作为权力的一种,其社会绝对量是不变的。某些人自由权力的增加,意味着某些人自由权力的减少。一般情况下,自由权的多少与官位高低成正比。山林中没有自由的桃花源,只有被政府追捕的流民。遁世的隐士,亦需要极高的知名度才能免受饥寒与凌辱,而既然为名隐士,已抵得上一个大官,也就谈不上什么避世逍遥了。可见,与其在兵役徭役的压迫下呻吟,不如去当压迫者。封建社会犹如一个金字塔,越向上层,重力压迫越小。

许多古代知识分子,并非天生愿入官场,而是形势迫使其不得不然。嵇康在诗中写道:耕稼的劳苦,迫使宁越发奋读书,当上了周威公的老师;被贬坐马鞍垫子的侮辱,刺激张仪西赴秦国,取得了相印。而那位有意刺激张仪的苏秦本人,当年潦倒之日,父母兄嫂不予理睬,而当了宰相衣锦还乡之时,父母远迎三十里,嫂子伏在地不敢起来,苏秦不禁为之叹息:"贫困时父母不将自己当儿子对待,富贵时连亲戚都畏惧,人生在世,势位富贵,是绝对不可忽视的。"嵇康从社会现实中深切理解了历史典故,他充满感情地写道"耕耨感宁越,马席激张仪"①,表达了对同辈名士入仕的理解。

正因为现世逍遥才是一条可行的出路,所以嵇康在少年时代幻想出世逍遥的同时,对历史上那些内圣外王的官场隐士,也是十分推崇的,与躲入山林在野隐士相提并论。其中有无为而治的圣王尧舜,居卑职的老子、庄子,高升不喜的子文,罢官不悲的柳下惠,自污以隐名的

---

① 《嵇康集》卷一《述志诗二首》。

东方朔,辅佐汉室的张良等。^① 这种现世逍遥的倾向,是嵇康后来步入仕途并与曹氏皇族通婚的思想基础。众所周知,对坚决不肯入仕的青年知识分子,政府一般绝不强迫;而与皇族的婚姻,若嵇康本人不同意,对其百依百顺的母兄也是断然不敢应允的。可见,这一切都是出于嵇康本人的意志。

那么,嵇康为什么在诗文中表现出对不仕隐居生活的强烈向往呢?道理很简单,王弼《老子注》说:"甚美之名,生于大恶。"正因为嵇康无法抛弃现世功利,才表现出对隐士生活情境的无限憧憬。对理想的大声疾呼,恰恰说明理想并未实现,或者无法去实现。真正的实施者,是不说的。老子、庄子大喊为己,其实是为了救世。真正为己是不写书的。春秋战国之际无稿酬版税,辛辛苦苦写书,还不是为了世人?杨朱是真正为己,拔一毛利天下而不为,所以杨朱无书。嵇康的思想行为与老庄略同,这是一个极有中国特色的文化现象。研究古代思想家与判断现代人一样,完全按其著作理解其真实思想,无异于缘木求鱼,亦应听其言、观其行。

少年嵇康的思想性格是一个复杂的混合体:出世的山林隐士是其终极理想,现世仕途的逍遥是其准备按常

---

① 《嵇康集》卷一《六言诗十首》。

规循行之路,然而其骨子里是一个具有强烈责任感的热血男儿。① 因此,如若他遇到的是一个和平盛世,也许会真的随波逐流地了结一生,但是,魏晋之际极端残酷黑暗的政治现实却迫使其走出了混沌之梦,一步步走上了与其初衷完全相反的道路。

---

① 《嵇康集》卷二《与山巨源绝交书》:"刚肠疾恶,轻肆直言。"

第二章
求　索

一、正始清谈的后起之秀

这位不修边幅、卫生习惯极差而且从不拜师求学的嵇康,步入成年之后却出落为一英俊潇洒、才华横溢的青年,引起了注重人物品评的魏晋士人社会的注意。从流传至今的关于嵇康形体相貌、气质风度的品题资料分析,可以获得以下印象:

1. 身高。嵇康身材高大,超出常人,各类记载都异口同声地称他身高"七尺八寸"[1],魏晋时一尺相当于现在的 24.12 厘米[2],除古尺的误差和古人的夸张,嵇康的

---

[1]　《世说新语·容止》及刘孝标注引《嵇康别传》、《晋书·嵇康传》、《北堂书钞》五十六引《晋书》。

[2]　据吴承洛《中国度量衡史》。

身高至少也应在 1 米 80 以上,很可能在 1.85 米左右。从各种评语看,身高是其鲜明特征之一。时人多用"孤松""玉山"去形容之,在人群中出现时,"卓卓然如野鹤之在鸡群"①。

2. 仪表形象。嵇康虽然身材高大,但体态匀称,史书多称其"土木形骸"②,可以有两种解释:一是传统说法,指形体像土木一样自然,比喻不加修饰的本来面目;二是认为嵇康属土木型的体质。汉魏时期人材学认为金、木、水、火、土五行之气形成了人体的骨、筋、气、肌、血生理素质。③ 其中木气决定骨骼,土气决定肌肤,土木型人指人体对五行之气的禀受中,木土二气最完美,指骨骼笔直而柔软,体态端正均衡而且结实。④ 嵇康的具体面貌史籍无载。从各种描述推断,其相貌并非英武粗壮型,而是属于清秀型,"风姿特秀"⑤。高大魁梧的身材与清

---

① 《世说新语·容止》:"有人语王戎曰:'嵇延祖卓卓如野鹤之在鸡群。'答曰:'君未见其父耳。'"此文虽说嵇绍,可印证其父嵇康亦然。
② 《晋书·嵇康传》。
③ 刘邵《人物志·九征》:"若量其材质,稽诸五物,五物之征,亦各著于厥体矣……其在体也,木骨、金筋、火气、土肌、水血五物之象也……五物之实,各有所济。"
④ 《人物志·九征》:"是故骨直而柔者,谓之弘毅……木之德也。体端而实者,谓之贞固……土之德也。"
⑤ 《世说新语·容止》。

秀的容貌融为一体,被誉为"龙章凤姿"①,大概指那种清雅伟岸的英俊形象,显示出伟大的气宇。赵至从人群中一眼就看出稽康"风器非常",是个了不起的人物。

3.性格。关于稽康的性格,有两种矛盾的评价。孙登认为他性格刚烈②,稽康本人也有类似的自述。然而,稽康山阳的同乡朋友却异口同声地说他性格十分温和③,王戎称与其相处二十年,见过数百面,未见过稽康有喜怒表情。④ 稽康本人在《与山巨源绝交书》中也有过类似的矛盾表述:他一方面自称"刚肠疾恶,轻肆直言",一方面又自称"性不伤物"。其实,这种矛盾现象并不奇怪,是稽康性格不同侧面的反映,即柔中有刚、绵里藏针的性格。常态为温文平和,在正义感召下则激烈刚直。魏晋时的人物品评理论认为,一种优秀的人材性格必须具备两种互补的对立统一品质。⑤ 比如慈悲必须勇敢,才可能具备"仁"的品性;柔顺加上坚毅,才可能具备"信"的品质。当时人物品评认为稽康是土木型

① 《晋书》卷四十九《稽康传》。
② 《三国志·魏书》卷二十一《王粲传》注引《康别传》:"孙登谓康曰:'君性烈而才儁。'"
③ 《三国志·魏书》卷二十一《王粲传》注引《魏氏春秋》:"康寓居河内之山阳县,与之游者,未尝见其喜愠之色。"
④ 《世说新语·德行》及注引《康别传》。
⑤ 《人物志·八观》:"凡偏材之性,二至以上,则至质相发而令名生矣。"

人,而土木型品德需要至少包含四对矛盾的品质。汉魏人材学认为,人的性格是由禀受五行之气的生理素质所决定,木型人的品德为:"温柔又直率,驯服又果断。"①土型人的品德为:"宽厚又庄严,柔顺且坚定。"②嵇康兼具木土两种类型③,可见其性格既温厚又刚烈是题中应有之义。

4. 气质风度。气质存在于人的举止神态、言谈笑语之中,是一个人形貌、性格和文化修养的总体反映,是个体生命独特的不可替代的神韵,可以意会,难以言传。为了弥补语言对气质风度把握的局限,魏晋人物品评家们往往用比拟手法去具体形容描写对一个人的气质风度的印象。据说,嵇康的气质十分高贵,他的举止与谈吐不加任何修饰,却潇洒自如,以至人们被其内在的巨大精神力量所吸引。有人称,见到他犹如迎面吹来爽朗的清风。也有人感觉更加细腻,说像在高大的松树下徐徐吹来的沁人心肺的清风。嵇康的好友山涛是著名的人物品评专家,他的品题为:"嵇叔夜之为人也,岩岩若孤松之独立;

---

① 《人物志·九征》:"是故温直而扰毅,木之德也。"
② 《人物志·九征》:"宽栗而柔立,土之德也。"
③ 《人物志》认为,任何人都含五行之气,但除圣人的禀受全面平衡外,一般偏材往往对一种禀受较多,因此该气的品质将决定某种性格特点突出。兼材则可能同时有两种以上的突出禀受之气,嵇康大概属于此种兼材。

其醉也,傀俄若玉山之将崩。"①大意为,稽康平时像遗世独立的巨松那样挺拔清峻;醉倒之后,则像将要崩溃的玉山那样纯洁浑厚。

也许是稽昭生前已定下的娃娃亲,也许是稽康本人的仪表才华已经远扬其家族的原籍谯沛地区,以至引起封王于此地的沛王曹林的注意。②总之,稽康与曹林的女儿长乐亭公主结下了姻缘。这对稽康来讲,是其人生道路上的一个重要转折点,促成了他一生的悲剧命运。

沛王曹林为曹操与杜夫人所生。建安三年曹操攻克下邳后,纳吕布僚属秦宜禄之妻杜氏为妻,在后宫的地位仅次于卞皇后。杜氏与曹操共生下二男二女:沛王曹林、中山王曹衮、金乡公主和高城公主。③沛王曹林为长子,建安至黄初时,其封地在谯郡,后改封沛国。曹魏时期的诸王,虽然政治上几乎被剥夺了一切权力,但经济待遇并未受影响。曹林是位才气平庸而且安守本分的亲王,对帝位不构成任何威胁,没有像曹彰、曹植那样感到

---

① 《世说新语·容止》。
② 曹林封地多有变化,但主要在谯沛地区,《三国志·魏书》卷二十《武文世王公传》:"沛穆王林,建安十六年封饶阳侯,二十二年,徙封谯。黄初二年,进爵为公,三年,为谯王。五年,改封谯县。七年,徙封鄄城。太和六年,改封沛。"
③ 《三国志》卷二十《武文世王公传》、卷九《曹爽传》引《臣松之案》。又《文选》卷六十陆机《吊魏武文》注引《魏略》。

压抑和不满,也没有受到他们那样的迫害,而是作为无害的牌位被供奉,并不断被增加封户,长寿善终。[1] 在曹林的子女中,史书留名的有三位:曹纬、曹赞和曹壹,后两位儿子先后奉旨去继承已故无子的济阳王曹玹之家业,并相继夭折,曹纬作为长子则继承了父亲曹林的王位,曹纬的妹妹,就是嵇康的妻子长乐亭公主。

长乐亭公主与沛王曹林的关系,历史记载有两种说话:一说为曹林的孙女[2],一说为曹林的女儿[3]。近代学者亦持两种说法。[4] 目前学术界多持前一种观点,而我认为后一种观点更合理。第一,从年龄上看,假设曹操纳杜夫人十个月后即生曹林,曹林也应生于建安四年(199)。再按曹林及长子曹纬 18 岁生子,长乐公主为长女,并 16 岁与嵇康结婚生女计算,嵇康的第一个孩子出生时间只能在嘉平三年(251),而嵇康的长女却明白无误地出生在公元 249 年,因为嵇康景元二年所作《与山巨源

---

[1] 《三国志》卷二十《沛穆王林传》:"景初、正元、景元中,累增邑,并前四千七百户。"又《三国志》卷四《高贵乡公曹髦记》:"甘露元年春正月……沛王林薨。"

[2] 《三国志》卷二十《穆王林传》注引《嵇氏谱》:"嵇康妻,沛穆王林子之女也。"

[3] 《文选·恨赋》注引王隐《晋书》:"嵇康妻,魏武帝孙,穆王林女也。"

[4] 余嘉锡认为,系穆王曹林之孙女。他在《世说新语笺疏·德行》指出:"当以谱为正。"戴明扬认为应为穆王曹林之女,他在《嵇康集校注》中指出:"以叔夜之年计之,当以娶林之女为合。"

绝交书》一文说:"女年十三。"如果将曹林、曹纬到长乐亭公主生育第一胎时年龄均定为 16 岁,亦可解释,但比较勉强。第二,稽康因与公主结婚而任中散大夫,可见,结婚时对方已具公主身份。[1] 众所周知,公主身份必须其父继承王位才有资格,而曹纬获得其父的王位,则于甘露元年(256)曹林逝世后才有可能。汉魏时期,皇帝之女与诸王之女才可获得公主(郡主)称号,诸王孙女身份是不可能被封为公主的。稽康既然与长乐亭公主至少在 249 年之前就已完婚,而此时其妻已具公主身份,所以应为曹林之女无疑。

汉魏时期的公主拥有许多政治特权,共分县、乡、亭三个档次,"亭"级公主虽系公主系列中的较低层次,但也享受"中二千石"即相当于九卿的待遇,除几百户不等的封户租税收入外,政府还专门配备专职官员及仆役为其服务。[2] 显然,这门亲事对稽氏家族来说,是十分光彩的婚姻。

---

① 《世说新语·德行》注引《文章叙录》:"康以魏长乐亭公主婿迁郎中,拜中散大夫。"
② 《后汉书》卷十《皇后纪》:"汉制,皇女皆封县公主,仪服同列侯,其尊崇者,加号长公主,仪服同蕃王。诸王女皆封乡、亭公主,仪服同乡、亭侯。"李贤注:"乡亭侯视中二千石。"又李贤注《续汉志》:"诸公主家令一人,六百石;丞一人,三百石;其余属吏无常。"《汉官仪》曰:"乡公主傅一人,秩六百石;仆一人,六百石;家丞一人,三百石。"

嵇康与长乐公主结婚的时间,应在正始十年长女出生之前,而正始中期(正始五年左右)的可能性最大。按照当时的惯例,与公主结婚者都要被朝廷加官晋爵。嵇康也不例外,他因此而被授予郎中职务,不久晋升为七品中散大夫一职。这时,他理应去了首都洛阳。当时的洛阳正在进行一场具有历史意义的玄学思想革命,嵇康妻子长乐亭公主的姑夫何晏(其妻金乡公主),正是这场运动中叱咤风云的人物。

何晏是汉末大将军何进的孙子,父亲何咸早亡,其母尹氏于建安时代步杜夫人的后尘,带着六七岁的儿子何晏进入曹操的后宫,被封为尹夫人,何晏亦自然成为曹操的养子。由于曹操过分喜欢何晏的聪明伶俐,以至引起了曹丕的嫉恨,于是在曹丕曹叡父子相继执政的黄初、景初时代,何晏在政治上一直不得发迹。魏明帝曹叡太和年间,何晏与夏侯玄等少年贵族子弟组织了一个名为“四聪八达”的知识精英团体,聚众清谈,品评人物,宣扬玄学新思想,最后于太和六年以“浮华交会”的罪名遭到了政府的镇压,被免官禁锢数年。曹叡死后,八岁小皇帝曹芳继位,顾命大臣曹爽与何晏等“浮华案”分子关系密切,于是何晏集团当年被压抑的精英纷纷被重用,逐渐控制了中央政府的各个重要部门,何晏则当上了吏部尚书,负责县以上官员的任免,权力极大,是朝中当权派集团的核心人物。他融合了儒、道学说,初步创建了玄学理论,发起了对汉儒魏法的新思想革命运动。

何晏领导的玄学思想革命是在清谈这种集辩论与娱乐于一体的新的学术交流形式下进行的。清谈一般在学者的客厅中举行。有甲乙两个主辩人和四座听客。甲乙双方就某个理论课题展开论战,以理屈词穷者为败方,或由听客的普遍倾向决定胜负。何晏是正始时期的著名大清谈家,经常举办大型清谈会,探讨汉魏之际一些重大的理论课题,社会名流纷纷云集于其清谈场中,形成了正始时期思想界的中心论坛。清谈对当时的思想解放运动和尔后魏晋南北朝文化风貌产生了深远的影响。

自正始初年起,何晏等正始名士发动的思想革命浪潮已在政治文化中心首都洛阳形成,逐渐波及到全国各地。青年知识分子纷纷被这种时髦的文化风尚所裹挟,例如远离洛阳千里之外的琅邪郡、清河郡、馆陶县等地方郡县已出现相当典型的清谈活动。① 位于洛阳附近的山阳县士人大概是不会甘于寂寞的。他们既可在本地清谈名理,也可到洛阳参加高层次的思想论战。嵇康作为公主的丈夫去洛阳接受官爵,自然进入了清谈玄理的文化氛围中。事实上,嵇康在山阳已受玄风影响,著《养生论》一

---

① 据《三国志·魏书》卷二十九《管辂传》注引《辂别传》载,管辂于正始时期(及前)就在上述地方郡县参加过大规模的清谈活动。

文,携带去了洛阳,与向秀就如何养生问题展开了激烈的论战。嵇康的气质风度和博学雄辩,"美词气,有风仪"[1],使他大出风头,征服了听众,被舆论界称为"神人"。[2]

嵇康在清谈场上的出现不是偶然的。正始五年前后,一大批年龄在二十岁左右的青少年思想家登上了思想舞台。这些人物大都是著名的世家大族子弟,受到过良好的文化教育,倜傥少年,风华正茂。他们的出现,给正在兴起的玄学思潮注入了新鲜血液。如正始五年在何晏举办的某次清谈会上,一场辩论刚刚决出胜负,年仅18岁的少年王弼姗姗来迟,何晏已闻王弼的大名,就对王弼说:"刚才胜方的论点已无懈可击了,你能难倒它吗?"不想王弼很快驳倒了已取胜的论点。大家都深为王弼的辩才所惊服,赞叹不已之时,没料到王弼又将自己的论点再次驳倒,就这样自我假设矛盾双方互相诘难,奇峰突起,论战的气氛达到了妙不可言的境界,四座听客无不感到"闻道"的莫大精神快乐,中国思想界一颗新星冉冉升起了。

正始玄学名士实际上由两代人组成,一是以何晏、夏侯玄为代表的中年政治实力派,二是以王弼、钟会为代表

---

① 《晋书》卷四十九《嵇康传》。
② 《文选》卷二十一颜延年《五君咏》李善注引孙绰《嵇中散传》:"嵇康作《养生论》,入洛,京师谓之神人。向子期难之,不得屈。"

的少年思想家。① 目前史籍留名的少年思想家还有卫瓘、裴秀、王黎等人,这些才子大都是家居洛阳的著名世家大族的子弟,一直生活在政治上层和文化中心,进入仕途多任黄门侍郎和尚书郎等显要职务。从年龄上看,嵇康也属于这一群体成员。尽管嵇康在正始时期的洛阳文化界已有一定影响,但是作为一般官吏的子弟,这种出身的重大差异,使其没有真正加入王弼、钟会圈子中。嵇康的朋友范围,也仅限于生活在河内山阳一带的名士山涛、向秀、吕安等人。

正始清谈基本上是围绕治理国家之根本方针这一时代主题进行的,它由许多不同的理论课题从不同侧面对这一主题进行深入探讨。例如宇宙哲学方面的“无”与“有”的关系;君主政策的有为与无为的关系;人材哲学方面人性与才干的关系;礼乐制度方面礼仪音乐与人性的关系等等。对这些理论课题,嵇康大都作了自己的独特回答。嵇康在文化史上的突出表现,发生于正始之后,作为竹林玄学的代表人物出现,但是现存嵇康论文,大部分作品是正始时期所作。正始时期是哲学创作的黄金时代,也是嵇康创作的高峰期。从《养生论》《声无哀乐论》

① 详见本人所著《中国文化的清流》第一章《正始名士》,中国社会科学出版社 1991 年 3 月版。

《明胆论》和《释私论》等文章中,可以强烈地感受到正始之音那种积极进取的时代气息。

二、真诚与虚伪之辩

正始玄学思想家最关心的是社会政治问题,而表现形式却是对宇宙本体"道"的探索。因为在那个坚信"天人合一"的历史时代,学者们很难从人类社会自身寻找兴盛衰败的终极原因,而是将其归于某种神秘的宇宙力量。汉代经学天命论破产之后,汉魏之际思想界关注的宇宙力量,就是老子笔下那个玄妙的"道"。

道家创始人老子,以他对宇宙人生的独特感受,写下了一首不朽的长诗,这就是深刻影响着中华民族历史进程的《道德经》一书。老子在这篇优美的哲理诗中,用朦胧的笔调多侧面地描述了那个在冥冥中左右宇宙万物和人类祸福的"道":它既是宇宙的本原,又是事物必须遵循的规律。说它大,它产生了整个宇宙;说它小,它存在于尘埃之中。大自然的沧海桑田,个体生命的生老病死,无一不是它在起着决定作用,而这种作用又是那样不留任何痕迹,完全是在自然而然地发生着。人类的感官永远无法感觉它的形态,理性分析永远无法对它作出准确概括。它无所不在，又超言绝象。

"道"究竟是什么呢？尽管老子本人已经反复宣布他自己也不能说清楚，况且也无法说清楚，所以才用了恍惚玄妙的诗化语言从各个角度描写它，但是后人不可能满足于这种混沌表达，而力图用自己有限的智慧去确切地定义它。因此，老子笔下"不可道"（不可言说）的"道"，也就随着不同时代、不同人物的不同理解，变成无数的可道之道了。政治家将它视为无为政治之道，军事家将它看作用兵的诡诈之道，出世的方士将它视为长生不老的神仙之道……无怪庄子悲哀地叹息古代淳朴浑沌的大道已为后人割裂了。①

战国秦汉时期，以黄帝老子为旗帜的黄老学派发展了《老子》关于"道"无为无不为的政治学说，并与法家精神相结合，一度成为汉初的官方哲学。自从有为的汉武帝登上历史舞台，表面上无为的黄老之学，被董仲舒所创立的积极有为的儒家经学思潮取而代之了。当经学在汉魏之际历史地走向自己的反面之后，无为的道家思潮再次兴起。被称为新道家的玄学家，十分重视对《老子》的重新解释，尤其是正始时期，多据《老子》立论，对"道"的探索，成为正始清谈的最强音。

---

① 《庄子·天下篇》。

　　由于汉魏之际时代课题的局限,正始玄学对《老子》"道"的理解,侧重于无为政治这一侧面,并且上升到宇宙本体论高度去认识,以适合天人合一思维的习惯。何晏首先著《无名论》,注《老子》,又将老子笔下的"道"解释为"空""无所有",在人类社会则集中表现为圣人无为的统治术。天才少年王弼的理论比何晏更精致、更完善。他全面注释了《老子》,并写出表达其注释主旨的《老子指略》一文,堪称《老子》注释思想史上的里程碑之作。从表面上看,王弼反对从片面的角度理解《老子》的"道",承认"道"是无形无象无法言说不可定名的,所以只能称之为"无形"或"无",在人类社会政治中表现为君主的中性人格及其无为政治。由此可见,王弼仍是以社会政治为视角理解《老子》的"道"。

　　在何晏、王弼带动下,正始思想论坛上,《老子》大走红运,一时成为显学。嵇康虽然对《庄子》更感兴趣,但在当时特定时代风潮的影响下,不可能绕开《老子》这部思想界关心的道家名著。由于嵇康对政治不甚感兴趣,所以他对《老子》的"道"的理解角度与何晏、王弼有着明显差异。简单地说,他更注重从理想人格或人生哲学方面立意。

　　短短五千言的《老子》,真可谓一字千金。老子在书中讲政治、讲宇宙、讲战争,但更多的还是讲人生,讲人的生存方法和人际关系的处理,以人生的幸福平安为终极目的。即便是当代中国人,欲求安身立命之术,与其浪费时间读那些像大杯白开水似的《成功学》,不如读一读老子的《道德经》。几千年前的作品,犹如刚刚成书于昨天。

《老子》的人生智慧,用现代名词表达,可以称之为逆向思维,即用反常识的方法切入事物的本质。用老子本人的话说,就是"反者,道之动",指从与常识中的那个"真理"相反的方向,才能得到真正的真理。例如人们追求完美的生存技巧,说得俗一点就是利用权术,然而任何诡诈的权术都不过是小术,真正的大权术正是没有任何权术的真诚;人们一切活动的中心都是为"我",而人生最美好最幸福的时刻恰恰是达到了忘我之境。老子说:"吾所以有大患者,为吾有身,及吾无身,吾有何患?"嵇康以他独特的人生经验,创造性地发挥了老子的上述思想,创作了《释私论》一文,表达了自己对生存之道的独特感受,在正始之音论"道"的宏伟交响乐中,出色地演奏了人生哲学的第二主题。

顾名思义,"释私"是"去掉私情"。那么,什么是"私情"呢?嵇康首先解释了他哲学词汇中"公"与"私"的含义。

嵇康指出,"公"是指公开内心的真实思想感情,襟怀坦白,光明磊落,这是君子的人格特征。"私"是指隐匿内心的真实思想和情感,虚情假意,阳奉阴违,这是小人的人格特征。由此可见"公"与"私"的含义,在嵇康的这篇文章中是特定的,是指"公开"和"隐匿"两种品质,而与公开或隐匿的思想内容之是非善恶无关。比如有人心怀善意,但将善意隐匿着,属于"私";有人心存不良念头,但将不良之念全部说出来,则属于"公"。

"公私"与"是非",是两个不同的概念。"是非"是指人们思想情感的正确与错误、美好与鄙劣,而"公私"则指人们对待自己思想感情的态度,是公开出来还是隐藏起来。为了鲜明区别两者,嵇康以东汉名士第五伦的故事予以说明:身居司空高位的第五伦不仅以清正廉洁著称,更可贵的是敢于公开自己灵魂深处的思想杂念。据《后汉书·第五伦传》载,当有人问他是否也有私心时,第五伦爽快地回答:"过去曾有人赠送我千里马,我虽然没有接受,但每逢选拔高官时,心里总忘不了他。再者,我哥哥的儿子生病时,我一夜去探视十次,但是回家后睡得很安稳;而自己的儿子生病时,我虽然没去探视,但晚上却失眠了。这也许就是私心吧。"嵇康认为,第五伦上述情感的内容,属于"是非"问题,而不是"公私"问题,因为"私"指隐藏,"公"指坦诚。第五伦将自己隐情披露出来,属于"无私";对兄子探视而不关心,属于"有非"。

在嵇康意识中,"公私"比"是非"更重要,因为社会已被虚伪笼罩着,人们将真实的自我深深隐藏起来,全副武装,穿戴着盔甲相对待。口是心非,阳奉阴违已经习以为常了。比如在公开场合评价某人,大家都会有口无心地赞扬为:"好人!"转身私下议论则大相径庭。人们看不到虚伪对自身生存的危害,反而以隐匿真情之技巧高明而沾沾自喜。人人都用隐瞒和欺骗编织着社会罗网,又都无一例外地在这个自己一手制造的罗网上痛苦挣扎。

隐藏真情的"私心",对人类的危害不可估量,因为它蒙蔽了真相。例如一个人生了病,最可怕的莫过于不知何病,无从对症治疗。同样,一个社会的机体出现紊乱并不可怕,可怕的是粉饰太平而延误了问题的解决。由此可见,"公私"虽然不同于"是非",但是它是比一般是非问题更重要的大是大非问题,只有公开坦诚,内在的良好愿望才能尽善尽美的实现;只有公开坦诚,内在的不良杂念才能得到纠正。即使真实思想属于罪恶,敢于讲出的行为仍属于"公",仍会得到谅解。因此要倡导公开坦诚,光明磊落的品质。只有这样,社会风气才能健康发展①,每个人才能生活得自由幸福。

由于人们的素质不同,生命境界不同,处世方式也随

---

① 嵇康《释私论》:"有善者无匿情之不是,有非者不加不公之大非。无不是则善莫不得,无大非则莫过其非,乃所以救其非也;非徒尽善,亦所以厉不善也。夫善以尽善,非以救非。"

之不同,集中表现在公私品德方面:

道德纯粹的圣人、至人完全按"道"的规律行事,内心不存是非成见,遇事开诚布公,既无错误,又无隐私,完全与事物的自然发展一致,适合了事物的自然本性,百利而无一害,永远立于不败之地。历史上伟大的圣贤,都具有这种品质。伊尹不担心自己才高盖主,引起商汤的猜疑嫉妒,所以完成了创建商王朝的大业,自己也名垂青史;周公不顾忌篡位的嫌疑而大权在握,摄政平叛,达到了天下大治;管仲不回避自己帮助政敌谋刺齐桓公一事,反而得到齐桓公的信赖以至委以国相,最终帮助齐桓公奠定了霸主基业。这些史实,都说明了"至人"的人格特征是无私忘我。他们不计自己的名誉、功利,真诚地投身于事业,按自己的自然本能行事,结果是贤士云集,事业成功。大道无私利,大道无小术。

品质纯粹无瑕的至人毕竟是少数,广大普通人的素质都是有缺陷的,思想品质中往往善恶并存。所以,评价普通人的标准,关键不在于内在的善恶成分,而在于是否敢于公开它们。这是划分君子与小人的最后分界线。一般情况下,往往是以诚实待人者成功,而隐匿真情者失败。甚至许多公开自己致命弱点的人,也因其精诚所至而化险为夷。例如里凫向晋公子重耳坦白了自己窃取所保管的财物行贿之事,反而深得重耳信赖;勃鞮坦白了自己当年追杀重耳的原因,亦得到重耳谅解。里凫和勃鞮后来都为重耳的事业立了大功,自己也名垂青史。又如缪贤向赵王推荐蔺相如时,说出了自己曾犯过罪,却终得善果。隐姓埋名,逃过秦朝追捕的刺客高渐离,索性公开了自己的身份,得到了大家的同情和尊重。稽康指出,上述人物,"皆以投命之祸,临不测之机,表露心识",仍能化险为夷,那些没有如此罪过,而有善心的人,公开表露思想,以诚待人,自然会大获成功。

小人唯利是图,将坦诚视为愚蠢,所以永远生活在虚伪的氛围中。他们唯恐真情隐藏的不严密,千方百计提高伪装能力,为自己生存经验之丰富和生存技巧之高明而自鸣自得。他们永远戴着面具生活,察言观色,以便媚俗获利,并且整日提心吊胆,以防范落入陷阱。自认为这是千古不变的人生定律,其实不过是掩耳盗铃而已。人们的智力水平和人生经验相差不多,玩弄小术者很快就会被人识破。待人虚伪,证明对人无诚意,自然引起对方的反感,因此这种生存方式不但自己活得十分疲劳,而且更易引起祸灾。例如,申公处处迎合楚共王,却被驱逐出境。宰嚭在吴王夫差身边充当越王勾践的坐探,却被灭吴后的勾践所诛杀。可见,心怀隐私的小人很难在良好的社会环境中生存,很难取得英明君王的信任。

稽康认为,人应当活得自然洒脱,光明磊落。哪怕粉饰一点过错,隐藏一点真情,也应感到良心的自责而无地自容。应当内心无愧地立于天地之间,做一个大写的堂堂正正的人。

嵇康的《释私论》中充满了理想主义的热情。他倡导的人生哲学虽然正确,但是在实践中很难行得通。或者说,那种真诚自然的生活方式也许适应于"明君"和"清世",即理想中的英明帝王和太平世界,而很难运用于现实社会和昏君。列举几个历史故事来证明某种理论是很容易的事情。嵇康所举的那些正直之士成功的例子大概远远少于冒犯龙颜而沦为刀下鬼的忠义之士。原因很简单:处于异化状态的人类是充满私欲的情感动物,必须用谎言来粉饰某些不能公开的阴暗面。嵇康对"真诚"的渴望只能是一个美丽的幻想。在理论上要求戳穿谎言,倒也无关紧要,但一旦付诸行动,则要付出沉重的代价。嵇康本人就为之付出了生命的代价。

三、聪明与勇敢之辩

人材理论的探讨,是正始清谈场上辩论的另一个热点,嵇康虽然没有首当其冲,但也没有游离于圈外。

正始时期的人材学论战是围绕汉魏之际一个重要的

理论课题——才性关系展开的。汉魏时期的选官制度十
分重视对人材的能力与品德作出评价,按现在的语言表
达,叫作德才兼备。人们在实践中发现:有才者可能无
德,而有德者可能无才。应当如何看待德才关系? 孰重
孰轻? 以孰为本? 如何识别? 东汉时期重德轻才,一方
面造就了一代道德骗子,同时又使才能平庸者身居要位。
曹操重才不重德,唯才是举,显然是权宜之计,与中国的
传统习惯发生冲突。这些理论矛盾,在正始清谈中以才
与性之关系为题展开了大论战。论战中对"德"的探讨深
入到人性论层面,出现了四种基本观点,即著名的"才性
四本论"。傅嘏持"才性同",李丰持"才性异",钟会持"才
性合",王广持"才性离"。才性关系的上述合、同、离、异
的具体内容已不可考,从其他资料推断,可知正始玄学的
思想家们对人性的思考已超越了传统的道德定义,从气
质、性格等各种不同角度定义人性,并研究它们与政治才
干的关系,于是出现了四种不同观点。①

　　才性四本的辩论,最后由持才性合的钟会整理成《四
本论》一书。钟会比嵇康小一岁,生于公元 224 年,是汉
末颍川大名士钟皓的后代,曹魏太尉钟繇的小儿子。颍
川钟氏擅长刑名学,刑名学又称形名学,是一种观形定名

① 　详见本人所著《中国文化的清流》,中国社会科学出版社 1991 年
3 月版,第 89—101 页。

求理的思维方法,汉魏之际多用于人材学研究方面,形名学家多为人物批评专家。钟会有此家学渊源,本人又聪明好学,自少年时代就以"精练名理"而扬名天下。[①] 他论著甚丰,注释过《老子》,撰写了《道论》,是正始玄学的最重要思想家之一,与王弼齐名。

稀康没有直接参加才性四本的辩论,但是在人材理论研究方面,也有相当的知名度。因此,当他到达洛阳后,立刻引起了钟会的注意。这时,钟会刚刚写完《四本论》,很想得到这位外地来京才子的赞赏,但是又久闻其辩才,担心稀康会不留情面指出破绽让自己难堪,所以他在稀康住宅门外徘徊良久而不敢贸然拜访,最后将《四本论》扔进院内,匆匆离去。[②] 在稀康的生命历程中,钟会作为一个可怕的阴影出现,是若干年之后的事。此刻,两人都是初出茅庐的少年才子,并无矛盾利害,似乎也没有善缘。

正始时期稀康人材理论方面的著作是《明胆论》一文,这篇文章实际上是他与吕安的论辩书信。吕安是稀康的挚友,最后与稀康一同被钟会送上了洛阳东市刑场(关于吕安生平事迹,将在最后一章详细介绍)。在这些

---

① 《三国志·魏书》卷二十八《钟会传》。
② 《世说新语·文学》:"钟会撰四本论,始毕,甚欲使稀公一见。置怀中,既定,畏其难,怀不敢出,于户外遥掷,便回急走。"

书信中,嵇康与吕安就"明"与"胆"(聪明与勇敢)两种品质之间的关系,相互展开了针锋相对的笔战。需要指出的是,魏晋时期好友之间经常展开毫不留情的思想论战,这不但不会产生隔阂,反而会增进友情,加深彼此的了解,激烈论战本身就是友谊的一个重要组成部分。嵇康不与钟会谈,而向秀、吕安、阮侃等密友则留下了大量与嵇康论战的文章,就是明证。

关于《明胆论》的主旨,学界有所误解。由于《明胆论》中有"故才性有昏明"一句话,并且有钟会携《四本论》欲访嵇康的历史记载,所以学术界往往将《明胆论》中的"明"视为"才","胆"视为"性",明与胆的关系,也就是才与性的关系。其实,这种看法很难成立。明与胆是两种并存的能力,而不是才与性的关系。《明胆论》所研究的,是这两种能力之间的深层关系。

正始时期的人材研究由不同层面构成,除才性论外,还有许多其他课题,如圣人人格的本质,圣人材质的优劣等级,一般人材的分类,伪人材的鉴别等等。嵇康《明胆论》显然属于人材研究的一个特殊领域,即人材素质之间的关系。从行文和思想看,《明胆论》似乎受到了刘邵《人物志》的影响。

刘邵所著《人物志》一书,诞生于曹魏青龙年间。它是汉魏时期人材理论研究的集大成之作,也是唯一一本流传至今的中国古代人材学专著,该书对人材的生理素质、气质、性格和政治才能,都作了详细的分类,并且对人材的鉴别与辨伪作了深入探讨。正始时期,刘邵仍健在,《人物志》一书亦在士人中流传。嵇康与刘邵可能有私交。嵇康是众所周知的弹《广陵散》的高手,经常为朋友演奏。应璩在《与刘孔才(刘邵)书》中有"听广陵之清散"之说,不知是否为嵇康所弹。细读嵇康文章,深感刘邵《人物志》影响的存在,例如上一节所介绍的嵇康《释私论》中,有一段关于辨别伪人材的文字,与《人物志·八观》中的思想十分近似。① 当然,最典型的还属《明胆论》。在这篇文章中,嵇康吸取了刘邵关于人材素质生成及其相联系的学说,创造性地运用于聪明与勇敢两种品质之间关系的讨论。

刘邵认为,元一阴阳五行之气在人体内转化为各种生理素质,这些生理素质决定了人材的心理素质和道德素质。比如阴阳二气的禀受差异决定人的智慧有外向

---

① 《人物志·八观》:"是故轻诺似烈而寡信……多易似能而无效……进锐似精而去速……此似是而非者也。亦有似非而是者……大权似奸而有功……大智似愚而内明……博爱似虚而实厚。"嵇康《释私论》:"然事亦有似非而非,类是而非是者,不可不察也。故变通之机,或有矜以至让,贪以致廉,愚以成智,忍以济仁……此似非而非非者也。或谗言似信,不可谓有诚;激盗似忠,不可谓无私,此类是而非是也。故乃论其用心,定其所趣。"

(阳)和内向(阴)两种类型。木、金、火、土、水五行之气，在人体内则演化为下列生理素质和品质：

五行	木	金	火	土	水
体质	骨	筋	气	肌	血
品质	弘毅	勇敢	文理	贞固	通微
五常	仁	义	礼	信	智

　　按刘邵的说法，五行之气在人体的上述作用只是典型形态，它们同时互相结合形成了各种具体的"气"，物化为各种生理器官，升华为各种心理品质。例如，禀受的金气决定了胆囊与肌腱的质量，而胆囊产生的精气的质量，直接决定了一个人是否勇敢，"勇，胆之精"①。产生聪明的物质器官是耳、目、心，本质是阴阳二气的精华。② 刘邵进而指出了圣人与常人的差异：圣人对阴阳五行之气的禀受全面而均衡，所以体质呈中和状态，具备了各种优秀品质。③ 一般人材对阴阳五行之气的禀受偏颇，或阴或阳，五行亦偏于一种，因此体质发育不平衡，往往具备一种优秀品质，表现为偏颇型人材。当然，这并不是说偏颇

---

① 《人物志·九征》："勇，胆之精，晔然以强。"
② 《人物志·九征》："聪明者，阴阳之精。"
③ 《人物志·九征》："阴阳清和，则中叡外明，圣人淳耀，能兼二美，知微知章……自非圣人莫能两遂……五质内充，五精外章，五质淡凝，淳耀外丽，是以目彩五晖之光也。"

型人材仅有一种人材素质，而是同样具备多种，仅仅有的不占主导地位而已。例如英材（谋士）的素质为聪（思维能力）和明（判断能力），雄材（将军）的素质为胆（勇敢）和力（武功）。但是作为一个真正的英材，除具备自身的"聪""明"本分外，还要有雄材的"胆"；雄材亦然，除具备自身的"胆""力"本分外，还要有英材的"明"。①

　　将刘邵的上述基本论点，对照嵇康的《明胆论》，其思想继承关系一目了然。《明胆论》全文大意如下：

　　吕安首先著论指出：勇敢（胆）与智慧（明）这两种人材素质之间存在如下关系：智慧者，必然勇敢，而勇敢者可以无智慧。这是因为，智慧可以产生勇敢，但勇敢不能产生智慧。

　　嵇康认为，吕安的观点是错误的，于是写信予以反驳。嵇康在信中写道：众生由元气生成，由于禀受元气的质量不同，产生了性格才能的差异，除了圣人禀受纯和精气，具备了各种优良品质外，一般人往往存在某种不足。有的人偏于聪明，有的人偏于勇敢，犹如植物种类各异。人材素质中的聪明和勇敢是两种独立的品质，各以

① 《人物志·英雄》："是故聪明秀出谓之英，胆力过人谓之雄。此其大体之别名也。若校其分数，则互相须……各以二分，取彼一分，然后乃成……何以论其然？夫聪明者英之分也，不得雄之胆则说不行，胆力者雄之分也，不得英之智则事不立。"

不同的"气"作为物质基础,两者之间不存在生成关系。聪明的作用是了解事物,勇敢的作用是作出决断。只聪明而无勇敢,就会虽明察利害而不敢行动;只勇敢而无聪明,则会在实践中作出错误的选择。比如子家由于缺乏勇敢,被别人胁迫杀死了国君;左师因胆怯不能决断,姑息了华臣作乱。二人都属于聪明人,事先都知应当何去何从,只是由于勇敢不足而犯错误。由此可见,聪明不能产生勇敢。

吕安回信说:拜读您的高论,感谢教诲。辩论问题应在常识基础上进行逻辑分析,不必说些"元气"之类玄虚而不着边际的大道理,应直接从人事本身切入问题的实质。吕安认为,嵇康所举子家、左师的例子并不能说明问题。他另举了以下四个历史典故证明自己的观点。

其一,汉初的贾谊,当其察觉到诸侯对国家统一的潜在威胁时,数次勇敢上疏直言时弊。后来贾谊被贬长沙,有鹏鸟飞入屋中,他由于不能正确解释,认为是不祥之兆,心情沮丧,变得十分胆怯。

其二,西汉大将军霍光十分勇敢,但是在决定昌邑王刘贺的废立问题上,由于不能明察,惊恐胆怯,犹豫不决。而文弱书生田延年,由于明白问题的严重性,所以能按剑而起,"胆气凌云",迫使霍光与群臣决断,上奏太后废除了昌邑王刘贺。

　　其三,樊於期是秦王以重金悬赏的仇人,荆轲为顺利刺杀秦王,向樊於期借其头颅。出于为宗族报仇和国家雪耻的大义,樊於期自刎献出了生命。

　　其四,王陵起兵投奔了刘邦,项羽扣押了王陵的母亲作人质,以迫使王陵投降。为了儿子能安心追随刘邦建功立业,其母伏剑而死。

　　依据上述事例,吕安认为,智慧产生勇敢,是颠扑不破的真理。贾谊、田延年、樊於期、王陵母之所以置生死于度外,完全是因为他们深明大义,因而勇敢自然随之产生。其中道理,类似人们不敢走险路而敢健步于康庄大道。吕安进而指出,虽然聪明智慧可以产生勇敢,但勇敢作为一种独立品质,不依赖智慧也能独立存在,比如许多赳赳武夫和暴徒,愚昧无知却胆量奇大,赴汤蹈火、前仆后继。最后,吕安再次强调了自己论点的正确性,"聪明可生成勇敢,而勇敢亦能独立存在"①。

　　嵇康回函予以反驳。他首先指出:探讨事理,应从根本着眼,才能理顺枝叶,纲举目张。因此,讨论聪明与勇敢两种能力之间的关系,必须首先从它们赖以产生的元气理论入手,才能科学地予以解释。吕安将元气斥之为玄虚之谈,犯了本末倒置的错误。嵇康以阴阳二气的

---

① 《嵇康集》卷六《明胆论》:"明无胆无,胆能偏守。"

变化为哲学依据,系统地解释了聪明与勇敢的关系,由以下几个思想层次构成。

第一,阴阳二气在人体内分别产生了聪明与勇敢:阳气之精华生成了智慧,使之照见外物,明察一切;阴气之精华凝结为胆气,使之勇敢决断。

第二,阴阳二气之间互相感应,互相作用(激发)。阳气可引起阴气的运动,所以聪明可以激发勇气,即聪明照见外物,使勇敢有了明确的方向,促使其敢于决断。由此可见,(阳气)聪明对(阴气)勇敢的作用,是激发而不是生成。

第三,阴阳二气有强弱变化,聪明和勇敢也会有强弱变化,贾谊正确分析国家形势,是其聪明处于强势;见到鹏鸟而迷惑,是其聪明处于弱势。勇敢亦然,霍光转战沙场英勇无比,是其勇敢处于强势;废昌邑王时恐惧,是其勇敢处于弱势。可见人的聪明和勇敢都有强弱变化。聪明人,其观察判断力有时会因各种条件而受到障碍和局限;勇敢者,其胆量有时则会被其他因素所削弱。那种永远不变的大智大勇,是圣人的品质,而普通人不可能如此完善。

最后,关于勇敢无须聪明而独立存在的说法也不能成立。因为所有的人都必须禀受阴阳五行之气才能存在。产生聪明与勇敢的阴阳二气永远并存于人体中,只是程度不同而已。既然没有独禀阴气的人,那么仅具勇敢(胆气)一种品质,也是不可能的。

四、音乐与情感之辩

正始之音以其精湛激烈的辩论术闻名于世,被誉为"金声玉振",然而,关于清谈中如何反复论难的具体细节却一直模糊不清,虽然《世说新语》记载了一些清谈的场面,但是一般局限于笼统而简单的叙述,并没有展示其辩论的全过程。何晏、王弼等清谈大师留下的资料大都是对《周易》《老子》《论语》的注释性作品,而无清谈记录。因此学界对正始之音的内情所知不多。其实,只要把焦点转向嵇康,问题便迎刃而解。研究嵇康在正始时期的论文,将大大深化我们对正始之音的认识,因为他的许多论文,都是清谈的整理记录①,其中最典型的是《声无哀乐论》一文。

音乐的巨大感染力是不言而喻的。庄严的仪式上,

---

① 嵇康与阮侃关于"宅无吉凶"的辩论文章和与向秀关于"养生"的辩论文章,都应作于正始时期,而且同样可以表现正始清流的论战细节,这些文章,将置于本书第四章关于嵇康避世及与道教的关系展开讨论。

雄浑的铜管乐进行曲,使人热血沸腾;花间月下,婉转的小提琴独奏,让人九曲回肠。究竟是哪个音符,哪段旋律,哪组和声拨动了哪根心弦,挑动了哪根神经,能使人如此震撼,如醉如痴?这是一个千古之谜,至今也没有一个科学的解释。中国古人对此同样困惑不解。他们看到,在祭祀或礼仪场合,先王的雅乐使气氛变得更为凝重;酒宴上秀丽的丝竹小调,使人心旷神怡。音乐这种神奇的功能究竟从哪里而来?是音乐本身就有感情,还是人的主观感受?虽然先秦儒家权威已在《乐记》中作了明确回答,但是到正始时期,这个问题再次成为清谈的热点论题之一。它之所以引起名士们的关心,其原因并不在于纯粹的音乐审美奥秘,而是根源于对礼乐治国之术的反思。

李泽厚说,中国文化特色在于伦理性与审美性,所言极是。用中国古代的语言表达,就是礼乐。礼指由国家颁布的必须遵守的外在行为规范,"乐"指由音乐唤起的内在道德情感。这种礼乐文化的产生不是偶然的。在古代,维系这个幅员辽阔、经济文化发展不平衡的封建农业大国的社会稳定,单纯依靠军事手段和法律手段都是短命的,而共同的道德理想,才是国脉所在,所以历代统治者都十分重视礼乐的教化作用。音乐在受到重视的同时,也受到了空前的歪曲,失去了自身独立的审美娱乐意义,成了封建政治的奴婢。《礼记·乐记》集中表达了这种封建政治功利主义的音乐观。它认为音乐本身就有不同的思想情感,先王创作的庄严肃穆的雅乐,能陶冶民众的道德情操,须大力推广;民间流行的妖艳动人的淫乐(郑卫之声),会诱惑民众淫邪,应禁止这种靡靡之音。这是一个极具中国特色的文化现象,直到20世纪的文革后期,一旦形势危急便组织人人列队大唱"文革歌曲"以壮行色,以壮胆气,属于最近一次的文化返祖现象。

《乐记》关于音乐功能的学说似乎无懈可击,天经地义。然而历史与人心却给它开了一个大玩笑。一方面汉政府推行礼乐教育,搞名教之治,结果是社会风气江河日下;另一方面虽然自上而下都异口同声地赞美雅乐,抨击郑声,但实际上自宫廷到市肆,雅乐徒具形式,而靡靡之音广为流行。最后的结果是迎来中国历史上继春秋战国后的第二次礼崩乐坏的局面。汉魏之际的社会大动乱,也给传统的音乐美学理论打上了一个大问号。

为了解开这个历史的问号,正始玄学名士为此展开了激烈的思想交锋,辨名析理,探讨音乐的功能与价值。许多思想家都卷入了这一论战,或著书立说,或在清谈场上反复诘难。阮籍曾就音乐是否有协调阴阳、沟通天人的功能,与夏侯玄展开过辩论,阮籍持肯定态度,而夏侯玄则认为阴阳灾害属自然现象,与音乐的和谐无关。① 阮籍与刘子针对音乐是否存在教化功能展开讨论,刘子认为音乐歌舞与政治无直接关系,阮籍为此著《乐论》一文,强调音乐不可替代的教育意义。正始时期的阮籍,思想倾向比较正统,与高平陵政变后放浪形骸的阮籍判若两人。

正始清谈关于音乐的讨论中最引人注目,思维水平与理论水平最高的,当属嵇康的《声无哀乐论》一文,这篇文章是以秦客(论敌)与东野主人(嵇康)之间关于音乐是否有情感这个主题展开的,具有极高的学术价值。

第一,从文章内容上看,嵇康的理论表达了正始时期思想界对音乐审美的最高认识水平,也是中国音乐史上自《乐记》问世几百年来音乐理论的一次历史性突破。他创造性地将道家自然哲学运用于音乐理论,严格运用形式逻辑,系统地分析了音乐本质、音乐与情感的关系、音乐美感产生的原因,最后回答了音乐是否有道德教化功能这个历史课题。

第二,从文章形式上看,是嵇康(东野主人)与论敌(秦客)之间的问答记录,一问一答为一番,共八番之多。既可能是嵇康自己虚设宾主双方舌战的文章,也可能是嵇康与朋友的一次清谈后笔录,但无论哪一种情况,文章

---

① 《全三国文》卷二十一夏侯玄《辨乐论》:"阮生云,律吕协则阴阳和……此乃天然之数,非人道所协也。"

再现了清谈过程中往复诘难的历史画面,为今人了解正始清谈中主客双方如何展开辩论,提供了不可多得的第一手资料。

嵇康《声无哀乐论》中的辩论十分精彩,严密的逻辑分析与深刻的哲理思辨本身,就是一种艺术享受。为使现代读者全面了解清谈,了解嵇康的思想情感,只有将它译出。为了达其神韵,不但不能逐字逐句的直译、硬译,而且需作必要的省略补充,以适合今天的语言逻辑习惯,因此下面对嵇康《声无哀乐论》的翻译是介于译文与缩写之间的一种新的处理方法。

按清谈的规则,某人在以往辩论中已得到确立的论点,被称为某"胜理",立论者为论战的主方(主人)。如该论点一直未被驳倒,那么新的一场清谈开始时,主方可无须陈述自己的"胜理",客方可直接驳斥"胜理",掀起论战。东野主人(嵇康)与秦客(论敌)的论战,由秦客首先发难拉开序幕,请看:

秦客问:"古人说'治世之音欢乐,亡国之音悲哀',可见社会的治乱,虽然取决于政治,但必然在音乐中有所反映,因为无生命的乐器,能够表达生命的欢乐与悲哀。据说,孔子听《韶》乐,能知道舜王的功德;季札听《周》乐,能了解各国的民风。这些历史事实,先贤确信不疑。唯独您坚持音乐无哀乐,依据何在?我洗耳恭听。"

主人答:"音乐审美原理,历代不得真谛,今蒙您提示,我将发一孔之见:

宫、商、羽、角、徵五音,其本质是土、金、水、木、火五行之气,有独立不变的客体,在天地之间客观存在,无论怎样组合变化,其声音本体永远是气的振动①,不会因人的欢乐、悲哀而发生任何音质改变……例如哭声表达悲哀,歌声表达欢乐,这只是大致如此。如同礼物未必表达尊敬那样,哭、歌未必表达哀、乐。各地风俗不同,有的以哭泣表示欢乐,有的以唱歌表示悲哀,足以说明声音无哀乐之情。

声音虽然没有情感,但和声可以感人。人心遇到和声,将因同构性而发生共振②,将已有的情感激发出来……例如,人们听到一首悲歌时,受歌词的感染,产生了悲情,并被和声激发出来,于是痛哭流涕。可见不是声音悲哀,是悲哀已产生于内心,遇和声而

---

① 汉魏宇宙生成论认为,五行之气作为生成万物的施控系统,生成了数字为"五"的受控系统,例如五方(东、南、中、西、北)、五味(酸、苦、甘、辛、咸)、五色(青、赤、黄、白、玄)、五音(角、徵、宫、商、羽)等等事物。

② 嵇康认为人心与声音本质上都是五行之气构成,在数量同构的情况下,五音的和声可引起人心的共振。

发。悲哀之情可被明确意识到,而和声的作用却是无法察觉的,于是,人们误认为悲哀由音乐输入,殊不知是自己心中已有。其原理正如庄子所言:'风吹万物,声音万变,不是风声不同,而是万物形状各异。'

喜、怒、哀、乐、爱、憎、惭、惧,是人类特有的八种基本情感,不可随便称其他事物有这类属性……比如我们因甲某贤能而热爱他,因乙某愚顽而憎恶他。热爱与憎恶是我们的情感,而贤能和愚笨是对方的属性,是否可以将我们热爱的人定名为'爱人',将我们憎恶之人定名为'憎人'呢?是否可以将我们喜欢的滋味定名为'喜味',将愤怒的滋味定名为'怒味'呢?由此可见,主体情感与客体性质是两种事物,各有不同的实体和名称。声音本身只有好坏之差,而无哀乐之情。或者说,哀乐之情是人的心理感受,不是声音的属性……季札听周乐,是通过诗歌与礼仪去了解各国民风;孔子听韶乐赞美舜王,事先已知其功德;都非仅靠音乐去判断。"

秦客问:"诚如所言,各地民俗不同,表达方式各异,但哀乐之情仍从声音中体现。声音从感情激荡的心中发出,携带着欢乐与悲哀,唯善于听察者不必

拘泥于声音亦能准确辨别其中隐情而不生误解。古
时候伯牙弹琴，钟子期知其意境；隶人击磬，子产知
其悲哀；鲁人晨哭，颜回知其骨肉分离……毫无疑
问，内心悲伤，外形必忧，声音必哀，自然而然，不可
掩饰……不可因风俗多变以及未遇知音者而断言声
无哀乐之情。

诚如所言，贤人不宜称为'爱人'，愚人不宜称为
'憎人'。但是，贤人引起爱心，愚人引起憎意，却是
事实。抛开名称上的差异从实际出发，欢乐与悲哀
既然是由声音所引起，那么声音必定有哀乐之情。

另外，您认为，季札靠诗歌礼仪了解各国民风，
孔子预知舜王功德，有无历史依据？史书明确记载：
孔子听乐，见周文王仪容；师涓奏乐，师旷知其是商
朝亡国之音；无须借助诗歌礼仪，无须了解历史事
实，史家引为美谈。今天您以自己的有限学识为标
准，岂不是对古代圣贤妄加评论吗？"

主人回答："您认为情感的声音表达方式千差万
别，善听察者'不必拘泥声音，亦能辨别其真情'。道
理很简单：悲哀者强作笑颜，欢乐者强作愁容，却因
神色不随而无法彻底掩饰，无法蒙骗聪明的观察者。
您已承认，'内心悲伤，外形必忧'。可见善听察者，
并非单凭声音，而是靠其他经验综合判断，切入真

情,实际上等于承认了声音无固定可循的情感内容,而同时又坚持声音有哀乐之情,岂不是自相矛盾?

再者,季札与孔子的神奇传说如果是事实,那么,周文王的仪容和各国民风都可以用音乐去再现了。这些乐谱均完整地传至后世,而后世亦有师襄和师涓那样的器乐高手进行演奏,那么,古代圣王的伟大形象和各国风俗画面将会随着相应乐曲的演奏而不断再现,被后人目睹,为什么仅有以上几条零星传说呢? 如果这些传说可靠,则说明乐曲都会产生固定不变的音乐形象,不能表现其他思想内容。这也与您前面所持的'音乐可随意表达演奏者情感'的说法以及所举钟子期知音的例证相矛盾。(据史书讲,伯牙弹琴时,随意自由畅想,忽而高山,忽而流水,而子期皆知其心中所想。)显然,您违背逻辑规律而陷入两难的矛盾境地:如音乐形象取决于乐谱,演奏者无法融入自己的思想感情,则钟子期传说为虚妄;如音乐形象与乐谱无关,取决于演奏者的思想感情,则孔子季札的传说为虚妄。非常明显,这些传说是腐儒为神化圣贤而杜撰的,在乐理方面起了混淆视听的作用……探求事物的规律应当在经验常识的基础上作合乎逻辑的分析推理。逻辑证明完成之后,再找历史例证说明所得规律。目前,您还未分析推理出音乐规律，就将古人的记载作为铁证，只能自己陷入理论混乱中。

您认为：既然音乐可以引起哀乐，音乐必然有哀乐属性。这一现象应作如是理解：犹如图画有美丑之差，声音亦有悦耳与难听之别，人们也会产生吸引和排斥两种心理反应，仅如此而已。至于悲伤、欢乐等复杂情感，则与音乐无关了。哀乐之情已潜在于心中，遇到和声被激发出来……和声感动人心，犹如醇酒的兴奋作用。酒的本味是甘苦，而醉者却被引发出喜怒之情。您见哀乐之情被音乐所激发而断定声音有哀乐，为什么不因喜怒之情被酒激发而断定酒有喜怒呢？"

秦客问："由神色变化可窥见内心活动，是公认的观人方法，您不会怀疑其可靠性。然而，声音与神色的生理基础相同，都是心气变化所致①，为什么相信神色表达内心情感，而唯独否认声音有此功能呢？喜怒见于神色，哀乐显于声音，毋庸置疑。但神色易见，声音难察，非平庸之辈所能辨别，钟子期却能从

---

① 古人认为，神色声音是心气外化的结果，刘邵《人物志·九征》："心气之征，则声变是也……夫气合成声，声应律吕……有和平之声，有清畅之声，有回衍之声……夫声畅于气，则实存貌色。"

各种声音中迅速识别隐情。犹如盲人面壁仍一无所见，而离娄可发现毫毛于百步之外。生理素质不同，不能以常人为标准，否认离娄过人的视力；同样不能以常人为标准，否认钟子期过人的听力，简单归结为古人的编造。"

主人回答："……您认为钟子期能从各种声音中迅速识别隐情。那么，假设伯夷、叔齐那样的饥饿者，卞和那样的含冤者，伯奇那样的悲哀者，蔺相如那样的愤怒者和陈不占那样的恐惧者等等心态极度不同的人，在幕后各自唱一个单音，或拨动一下琴的空弦，钟子期能准确无误地知道他们各自的心情吗？辛辣、大笑、烟熏、悲伤，都会流泪，让著名美食家易牙品尝上述泪水，他一定感觉不出快乐泪水甜而悲哀泪水苦。原因很简单，体液遇外界刺激后就自然分泌，属生理现象，不受思想情感控制，像酒液的产生那样，无论用何种过滤工具，漏出的酒，味道是一样的。声音的产生犹如体液的渗出，同为自然而然的生理过程，为什么唯独声音有哀乐之情呢？

《咸池》《六茎》《大章》《韶》《夏》，是古代圣王创作的音乐，具有动天地，泣鬼神的感染力。按您的音乐理论，必须圣王亲自演奏，才能表达圣王的情操，不可由他人代劳。然而《尚书·舜典》却明确记载，舜让乐师夔演奏,结果是八音和谐,神人和谐,大告成功。可见不由圣人演奏,效果相同。这说明音乐是否动人与演奏者的情感无关,完全由和声所致。和声发自丝竹管弦,性质完全相同,听者感觉亦完全相同,因而无法靠听觉得知不存在的隐情。比如离娄与盲人观察毫毛之类有形物时视力相差悬殊,但将两处清水混为一体,让其分辨,恐怕所见相同。音乐无情感差异,道理亦然。"

秦客问:"我上述的比喻可能不妥,但所说道理却是有充分依据的。如葛卢听牛鸣,知其前世三次作牺牲;师旷吹律(古代定音管),觉南方来风无力,便知楚国军队必败;婴儿伯石啼哭,姑母听有豺狼声,知其终招灭族之祸。以上数事,史书确凿有载。如果这些记载均为编造,历史文献的价值何在?难道仅凭逻辑思辨即可立论?请您解释。"

主人答:"……对葛卢与牛鸣的传说,我深表怀疑,牛与人不同类,何以沟通思想?假设鸟兽都有自己的语言,葛卢天生通晓鸟兽之语,因此了解了牛的思想,则类似外语翻译,不是通过声音察其隐情,与目前辩论的问题无关。那么,能否仅仅靠音响得知牛的思想呢?我们不妨从比人与牛交流更容易的形式——人类不同语种之间的交流考查，看一看能否通过声音了解思想。不懂胡语的圣人进入西北胡人地区，也能立刻知道胡人的思想，是通过什么途径呢？交谈理解？律管校音？观察神色？毫无疑问是通过观察神色。神情动作反映内心活动，是人人皆知的常识，而其他两种依靠声音的观察方法是行不通的。其一，吹律管校定音阶高低了解真情显然荒谬。因为内心所指与音阶没有关系，语言都未必能表达真心，何况音阶？其二，通过交谈理解语言，是通过手势、表情、比拟等方法向胡人学习语言，这与儿童在学校向老师学习文化一样，更与声音无关了……显然，圣人也无法仅仅通过声音立刻理解胡人的思想。那么，葛卢怎能理解牛鸣呢？

关于师旷吹律管知楚军必败的传说，我同样怀疑其真实性。其一，师旷吹律管时，楚国遥在千里之外，声音无法到达晋国。其二，假设声音随南方来风进入律管之中，那么，楚国的南面有吴国、越国，北面有梁国、宋国，怎么知道南方来风是楚国的呢？其三，风是由阴阳二气在地面剧烈冲激而成，所以风是从地而上不断生灭，怎能从遥远的楚国大地上产生，却飞到晋国来呢？……其四，律管是校音器……乐师的气息灌满律管时，任何其他气流都无法进入，楚国的风怎能进入律管中并产生气的改变呢？综上所述，楚国发生的事情，无法以吹律得知。这大概是师旷博学多识，能准确推断胜负，为了说服众人，而假借神明。

关于听婴儿伯石啼哭的传说，我同样难以置信。可能伯石的姑母有特异功能，而特异功能超越常识，妙不可言，况且与声音无关，亦与本题无关。若其姑母的确是通过啼哭声音作出判断，那么她一定是曾见到过类似啼哭的婴儿长大作恶，以这个恶婴的啼哭为标准，去校对其他婴儿的啼哭。然而音质与心理，犹如相貌与心理一样，毫无必然联系，有些人貌同心异，有些人貌异心同，比如圣人思想品德相同而形貌大异。因此，难以通过观察相貌就得知其心理品质。声音的原理亦然。气流在口中震动而产生声音，与箫笛琴瑟等乐音的发音原理相同，是一个物理过程，就像琴的音质与琴师的技巧无关一样。人们能控制谈话辩理的内容，却不能改变嗓子的音质，就像乐师善于演奏乐曲，却无法改变乐器音质一样。乐器不会因演奏大师改变音质，嗓子也不会因聪明的大脑改变音质。很显然，思想与音质是没有任何联系的两种不同事物。可见，观察者企图通过音质了解心理活动是荒唐的，伯石的姑妈在没有深入观察和试验的情况下,仅以经验中某恶婴的啼哭为标准,断言伯石长大为恶人,纯属偶然巧合,而无普遍意义,不能证明声音的传情功能。"

秦客问:"⋯⋯尽管对您的上述说法难以反驳,但内心仍未信服,改从其他角度继续辩论。其一,对不同乐器的演奏,人们感觉各异。如听筝、笛、琵琶,精神振奋;听琴瑟,心情安闲。其二,对不同曲调,人们感受各异。用同一种乐器,演奏粗犷的西北音乐,听者慷慨激昂;演奏绚丽的小调,听者愉悦惬意。既然音乐能引起不同的心理变化,为什么否定音乐本身有多种感情因素,会产生不同效果,而将其功能简单归于和声的共同激发作用呢? 将情感变化说成是人心自为,岂不是对音乐的功能无知吗?"

主人回答:"诚如所言,筝、笛、琵琶不同乐器和曲调会使人情绪改变,这是人人都能感到的事实。原因何在呢? 其一,筝、笛、琵琶的声音,时值短而音阶高,变化多而节奏快。高音加快节奏,属于强刺激,生理上使人精神兴奋,犹如铃声震耳,鼓声惊心⋯⋯琴瑟等乐器的声音,时值长而音阶低,变化小而声音清晰。低音又少变,如不静下心来细细欣赏,则无法感受其中的清静和谐之美,从生理上看,听者精神趋于抑制。其二,各种曲调产生不同效果,其原理犹如乐器差异。齐楚地区的乐曲,旋律曲折反复,所以使人精神专一;绚丽的小调综合各种优美装饰音与和声,色彩斑斓,所以使人心花怒放,感到欢畅舒适。然而乐音本身只有单一与重复、高音与低音、悦耳与难听诸类属性,人类对乐音的客观反应只有兴奋与抑制、注意与分散诸类生理—心理变化,犹如漫游大都市的大市场,琳琅满目,泛泛浏览,必然精神分散;仔细察看度、量、衡器的刻度,必然专心致志。归根结底,音乐对人类情绪的最大影响在于节奏的快慢,而人类对音乐节奏的直接生理反应,则是以兴奋和抑制为极限。

人们喜欢各种不同风格的乐曲,犹如喜欢各类不同滋味的食品。各类不同滋味的食品都以'味美'引起人们的喜欢(愿意);各种风格的乐曲则以'和声'引起人们的喜欢(愿意)。总之,形形色色的音乐与美味对人的良好刺激作用,以唤起喜欢(愿意)这种心理感受为极限,决不可能引起或注入哀乐之情。如果心理平衡,无任何偏颇情绪影响,音乐的刺激只能引起兴奋和抑制,但是,人们欣赏音乐时心境往往不平衡,或喜或悲,被和声引发出来,表现为欢乐与悲哀。兴奋和抑制是音乐引起的生理现象,欢乐与

悲哀是主体自生的心理现象，不能因为音乐引起生
理性的兴奋抑制，而误认心理情感悲哀快乐，也由音
乐引起。音乐有各种类型，但无论是哪种类型，都有
和声存在，在和声的感应下，人的内在情感被激发出
来。比如当酒宴进行到高潮时，弹琴助兴，有人欣欣
然欢悦，有人凄凄然哭泣，对同一乐曲，出现快乐与
悲哀两种截然相反的感情反应。这说明，哀乐之情
不是音乐注入的，而是自己的心境造成的。……假
设音乐有某种感情，那也只能与人们心中同类情绪
互相感应，并将其激发出来，怎能触动各种人的不同
情感呢？由此可见，音乐感人的根本因素是和声，而
不是哀乐之情。"

秦客问："……同一乐曲触发不同感情之现象，
可作如是解释：人们心中已潜在的某偏颇的感情，
无论遇到什么音乐，都会借机发作。所以快乐情绪
遇悲哀乐曲，悲哀情绪遇快乐乐曲，都会借机宣泄。
音乐本身虽然有哀乐之情，但是引起听者产生相应
情感，比较缓慢，需要一个过程；然而对听众各种借
机宣泄的情绪，都可能成为引发物，并且可在瞬间完
成。因此，出现了同一乐曲触发哀乐二情的现象，但
这并不能否定音乐本身有固定的某种感情。"

主人回答:"……假设高论正确,音乐感人速度虽然缓慢,但是悲哀者听到欢快的《鹿鸣》曲,虽不能使之欢乐,怎能使其更悲哀呢?犹如火炬,虽然不能温暖一间寒室,但总不会增加寒冷。火焰不会增加寒冷,欢乐乐曲不会增加悲哀。对同一乐曲表现不同反应,完全是和声的共振使固有感情得以宣泄。

关于偏颇情感借任何音乐均可宣泄的说法值得商榷。人们触景生情,往往事出有因。例如悲哀者见到老人使用手杖、茶几等器物而悲伤,是因为想到已逝亲人的往事,并非见到任何物品都会悲哀。音乐会上并无可以触景生情的器物,而是在和声的感染下,情感得以宣泄。"

秦客问:"……大喜则笑,大悲则哭,人之常情。演奏齐楚乐曲时,为什么只见哭泣者,而不见大笑者呢?这证明齐楚音乐并非像您所说的那样仅仅是曲折重复,使人专心致志,而是存在悲哀因素,所以触发听客的同类感情。可见音乐有哀乐之情。"

主人答:"……小哀脸色忧愁,极哀则哭泣;小乐脸色愉悦,大乐则开怀大笑。这是表达哀乐的常规,但自然的真快乐并非如此,例如亲人平安无事,人们怡然自得;亲人病危,又奇迹般转危为安,则会高兴得欢呼雀跃,手舞足蹈,庆贺回到正常状态。大笑往往事出有因,并不是自然的真快乐。自然的快乐表现为怡然自得,自然的悲伤表现为黯然泪下。流泪可见,而自得难察。对齐楚音乐表面上无反应的听客,内心未必不愉快。您忽视了怡然自得这种自然的真快乐,而以听不到大笑声去判断齐楚音乐具有悲哀性质,是片面的看法。"

秦客问:"孔子说:'改良社会风气,音乐是最有效的工具。'既然音乐无情感,那么音乐陶冶人民情操改良社会风气的机制是什么?再者,古人强调要警惕靡靡之音的不良影响,批判淫荡的郑卫音乐。既然音乐无情感,那么古代圣贤庄严肃穆的雅乐与郑卫靡靡之音的本质区别何在?请您解释,以打消我的疑惑。"

主人答:"……远古时代,圣王完全顺应人民的自然本性,无为而治,宇宙空间充盈着太和之气。在这至善至美的和谐气氛中,人与人之间以及人与自然之间无任何矛盾冲突,万物各自按自身本能自由幸福地生活。人民精神愉悦,心气和谐,外化为和谐的音乐歌舞,表达自己的感受。这种和谐的音乐,与宇宙中的太和元气相感应,促进了天地万物与人类社会的和谐。由此可见,美好和谐的社会风气,取决政治,发自民心,并非来自音乐歌舞。孔子强调音乐歌舞移风易俗的重要意义,亦是从和声辅助作用出发。移风易俗的决定作用是政治民心,不是音乐歌舞。

美妙的音乐旋律及和声,对人类必然产生强烈吸引力。古人知道人类的审美本能既不可消灭,也不能放纵,只能正确引导。因此以各种文化品位的人都能接受的'中庸'为原则制定出礼仪规范的同时,亦创作了正确疏导情欲的音乐歌舞。从基层村社学校教育做起,使乐器与礼器并存,舞蹈与礼仪同用;语言诗文与旋律和声化为歌声,使人们听音乐的同时,也受到了歌词内容的教化;观看舞蹈的同时,也受到了礼仪的陶冶。语言、音乐、礼仪、舞蹈相互贯通融为有机的艺术整体,发挥教育与欣赏的整体功能。在朝廷中协调君臣关系,在家族中协调亲属关系。如自幼就在这种礼乐文化氛围中生活,成年之后必然会遵守道德规范。人人如此,社会风气自然得以改良。这就是先王创作音乐的本意。另外,可以通过音乐形式的'采风',收集到民间歌谣。人民会无顾忌地通过歌声表达自己的愿望,政府可借此了解下情,改良政治。从这两个方面出发,古代圣王重视音乐的社会作用。

　　所谓淫荡的'郑声',其实是最美妙的音乐。美妙音乐对人类心灵的诱惑,犹如美色和美酒那样使人沉醉而迷乱,容易玩物丧志。不是生命境界极高的圣人,无法抵御这种诱惑。古代圣王担心人民纵情享乐而不能自我节制,必须积极予以引导:一方面创作了美好的音乐,另一方面不追求旋律奇异的变化,不用多种艳丽的装饰音与复杂的和声,使听众产生快感而不纵欲。犹如烧制祭祀时所用的肉汤,保持原味而不求至美……如果君主无道,国无纲纪,男女私奔,荒淫无度,人们都沉溺在情欲之中,社会风气必然改变,迎合人类生理本能和审美欲求的艳丽美妙的音乐,必然无节制地流行,反映这种不良民风的诗词配以动人的音乐演唱,形成了所谓郑卫之音,因而将这种动听的音乐称之为淫荡的靡靡之音。其实,音乐本身并没有正派与淫荡的区别,雅乐与郑卫之音,都是美好的音乐,不能用邪正来区别音乐。"

读完这场引人入胜的论战,我们不得不叹服魏晋清谈精湛的辩论术和深刻的思想内涵。双方均从对方的理论弱点入手,运用形式逻辑将论敌的观点推向公然违背常识的荒唐境地,指出对方论点中的内在矛盾,围绕主题步步深入。从音乐的本质、音乐动人的原因、先贤理论的得失,最终切入音乐是否有教育功能这一时代课题。文中的秦客,持《乐记》的传统儒家观点,认为音乐本身有情感因素,能将圣贤的情感注入人民心中,故能发挥移风易俗的教化作用。东野主人嵇康则针锋相对,以道家自然哲学为思想基础,运用魏晋名理学(逻辑学)的规则,指出音乐只有音质差异,而无情感成分,只能产生吸引、排斥或共振等生理反应,而不能增加任何一点社会性情感因素,因此,不可能独立产生移风易俗的教化作用。教化是政治所致,而不是音乐的功能。值得一提的是,嵇康为一直被视为靡靡之音的郑卫之声,翻了历史冤案。

真理究竟在嵇康一方呢,还是在秦客一方呢?我们无法作出判断,因为判断,必须有科学标准,而音乐美感至今仍是一个不解之谜,无数天才大脑对它研究了几千年,至今仍像地平线一样可望而不可即。嵇康与秦客孰是孰非并不重要,重要的是论战这一探索过程。哲学研究的课题往往是永恒的秘密,对哲学史上形形色色的思想,与其用是非去判断它,不如描述它,再现它,欣赏它,理解它,从当代学术史看,许多一时头头是道的是非判断,随着时间的推移往往变得比古人更荒谬。

第三章
彷　徨

一、竹　林　之　游

　　嵇康没有在洛阳长期住下去,大约在正始后期,他回到了家乡河内山阳。像当时大多数头脑清醒的知识分子那样,嵇康已看到了洛阳上层清谈沙龙中令人振奋的思想解放浪潮,正在演变成一个可怕的政治漩涡。

　　按一般惯例,中国古代某种学术思潮的迅速兴起,往往需要朝中政治实力派的支持。正始玄学也不例外,它之所以能在短时间内风靡中国思想界,就与曹爽、何晏、夏侯玄为首的政治集团之设计编导分不开。因此,它的兴衰同样取决于这一政治集团在朝中势力的消长。正始后期的政治形势,已明显向不利于何晏、夏侯玄集团的方向发展了。

正始时期,何晏、夏侯玄集团的活动并非仅仅局限于理论探讨。他们像大多数中国知识分子一样,不仅仅甘心于立言,而是准备立功立德。正始玄学的全部理论,都是以建立一个自然无为的理想社会为政治目的。所以,随着权力的巩固,在现实政治方面部分实施政治理想,也就势在必行了。事实上亦是如此,自正始中期开始,出台了一场政治改革运动,史称"正始改制"。从夏侯玄向太傅司马懿的建议看,改制的要点有三项:改革九品中正制,削弱中正权力,扩大吏部职能;改革行政机构,将州、郡、县三级并为州县二级;服饰车舆各按等级,禁止奢侈逾制,转变社会风气。① 司马懿对夏侯玄的建议作了冷处理,认为建议虽好,但难以立刻推行。改制派决心已定,对司马懿的阻挠没有理睬,将计划付诸实施,有些内容已贯彻到基层,比如合并郡县、裁减官吏等等。②

正始改制带有不少理想主义成分,恐怕很难行得通。例如合并郡县一项,据夏侯玄粗略推算,可裁减一万名官吏,这就必然与封建官僚政治所固有的官僚膨胀规律相矛盾。其结果只能是,不仅被裁者将拼命反对改制,而且会引起整个官僚阶层的不稳定感和抵触情绪。事实正是如此。随着改制的进行,在正始中期之后,一大批受到改

---

① 《三国志·魏书》卷九《夏侯玄传》载夏侯玄与司马懿的《时事议》。
② 《三国志·魏书》卷四《齐王芳纪》、《晋书·荀勖传》。

制派打击而心怀不满的老资格官僚聚集在司马懿周围，形成了强有力的政治反对派，骨干分子为卢毓、王肃、孙礼、王观、高柔、蒋济、钟毓、刘放、孙资、傅嘏等。其中，除傅嘏年龄较轻、资历较浅外，大都是曹操建安时期入仕的重臣元老。众所周知，正始名士大都是年轻的贵族子弟，属于曹魏官僚集团中的第二三代，所以当他们掌握中央权力后，任用资历较浅的年轻人，是其政令通达的组织保证，因而人事上的大换班将不可避免，老官僚无疑成了这场权力再分配过程的牺牲品。曹爽集团执政期间，采取了贬官外放、明升暗降和提前退休等措施对付老一代反对派。例如把蒋济由领军将军迁为太尉虚职，把持不同政见的散骑常侍钟毓外放为魏郡太守。又如孙资任中书令掌管机密多年，曾推举曹爽与司马懿共同辅政，正始后期因不满改制派"多变易旧章"而以退休相威胁，何晏等却在不"违夺君志"的漂亮辞令下，顺水推舟，批准了孙资退休。

　　司马氏集团的骨干分子，就由上述一类人物组成。他们在正始改制中受到了不同程度的损害，后来都积极地参与了高平陵政变。例如建安时期入仕的人物品评专家卢毓，自魏明帝后期起，一直任吏部尚书，正始年间，遭到免官的报复。又如王观，建安时期入仕，正始时期曾任少府一职，后来因为反对曹爽被贬。在这一大批不得志的老官僚中,孙礼的行为最有代表性。这位建安时期入仕的老资格官员,在正始时期任冀州牧期间,因划分清河、平原两郡的边界得罪了曹爽而被打击,又出任并州刺史,临行前去看望司马懿时涕泣横流,两人暗示了推翻曹爽集团的决心。

与曹爽集团相比,司马氏集团在实力上具有潜在的优势。从表面上看,曹爽集团占据了中央政府的要害部门,但是他们大都是没有政治根基的年轻贵族子弟,与国家机器没有根深蒂固的联系。相反,司马氏集团的成员基本上是曹魏政权的创建者。几十年的南征北战,使他们在军队和官僚机构中拥有雄厚的势力,门生故吏遍天下。这在封建人身依附关系严重的中古时期,是一笔相当可观的政治财富,因为根据封建道德,门生故吏在任何情况下背叛其恩师,都是天理难容。因此,当这些老官僚老军官团结起来,并且拥有了强有力的领袖人物时,青年改制派的失败就是时间问题了。当时,反改制势力有了自己的铁腕领袖,那便是足智多谋、刚毅果断、"有大志而甚得民心"的司马懿。①

司马懿与曹爽受遗诏共同辅佐幼主。大将军曹爽为辅佐之首,地位在司马懿之上。正始初期,两人尚无矛

―――――――

① 《三国志·魏书》卷九《曹爽传》。

盾,后来正始名士集团将司马懿尊为太傅,权力中心移向曹爽集团,双方矛盾开始产生,自正始五年之后逐步明朗化。

正始后期,随着改制的进行,形势日益恶化,向着对曹爽、何晏极端不利的方向迅速发展。一方面与改制活动触及了官僚阶层的利益、打破了社会因循守旧的习惯有关系,如王广当时所总结:经常改变典章制度,朝令夕改,与实际情况差距太大,无法执行,人民群众习惯于旧法,难以遵从。① 另一方面,正始名士集团上台的作为,也没有实行自己提出的"素朴"学说,奢侈腐败有过之而无不及。比如曹爽的吃穿住用以及车队仪仗,像皇帝一样,而且将宫中的珍玩、美女收为己有,"妻妾盈后庭"②;还修筑了极豪华的地下室,与何晏等人举行酒会作乐。何晏本人也抵不住财富的诱惑,占用公田几百顷,并窃取国家财产为己有。这些行为,使正始名士的威信一落千丈,不仅原来持中立立场的官员倒向司马懿,何晏的一些追随者也纷纷改变了立场,有些在这个政治集团中陷得很深而头脑清醒的人纷纷向曹爽发出劝告或警告。例如曹爽的弟弟曹羲苦谏,请曹爽不要骄侈,要注意自己的政治形象以收买民心,曹爽不仅不采纳,而且"甚不悦",曹

① 《三国志·魏书》卷二十八《王凌传》注引《汉晋春秋》。
② 《三国志·魏书》卷九《曹爽传》。

羲"涕泣而起"。① 又如大司农桓范认为政变迫在眉睫,警告曹爽要永远与军队在一起,不要轻易外出游玩。曹爽竟然认为绝无这种危险,气势汹汹地反问:"谁敢尔邪。"②他已被权势冲昏了头脑,属正始名士集团中少数自我感觉良好的愚人。而这位愚人恰恰是该政治集团的第一号领袖,虽然愚昧平庸,却握有兵权,并非傀儡,正始名士们遇上这样一位政治领袖,注定了他们的悲剧命运。

正始八年,司马懿托病不上朝,双方斗争达到了白热化程度,京师的官僚阶层几乎都站到了司马懿一边。谣言、谤书纷纷出现,矛头直指正始名士集团的核心人物何晏、邓飏、丁谧等人,将他们比喻为曹爽的"三狗",民谣传唱:"何、邓、丁,乱京城。"③童谣、谤书是中国古代极重要的舆论形式,反映了民心所向,许多腐败政府都是在这种哄传和歌吟声中走向死亡的。

许多有识之士已觉察到政变的必然发生,傅玄称司马懿为"睡觉的猛兽",钟会那位聪睿的母亲张夫人也断言曹爽的快乐已经到了尽头:"乐则乐矣,然难久也。"④何晏是位敏感而且有头脑的文人,他也预感到了自己的可

---

① 《三国志·魏书》卷九《曹爽传》。
② 《三国志·魏书》卷九《曹爽传》注引《世语》。
③ 《晋书·宣帝纪》。
④ 《三国志》卷二十八《钟会传》注引《张夫人传》。

悲下场,在接受术士管辂的政治算命之后,内心十分恐惧,写了一首五言诗表达了自己的感受:"鸿鹄比翼游,群飞戏太清。常畏大网罗,忧祸一旦并。岂若集五湖,从流唼浮萍。承宁旷中怀,何为怵惕惊。"显然,他已感到了政变的大罗网即将撒下,而自己已是骑虎难下,欲罢不能,所以诗中充满了悲凉惶恐的情绪。

在这种形势下,一些位于两大政治集团圈外的士人,纷纷采取了回避态度,或托病不理政务,或干脆退出政界,以免在这场冲突中莫名其妙地受到牵连而成为冤死鬼。于是我们的主人公嵇康从京师隐退了,回到了山阳家乡大自然的怀抱中。

关于嵇康隐退的细节,史书无载,但从他两位挚友——山涛与阮籍的行为可以窥见嵇康回乡的动机。正始八年,正任河南从事一职的山涛已经因国内政治形势变化而失眠了。他半夜起来叫醒了在一旁熟睡的同事石鉴:"现在都什么时候了,竟然还睡得着,你知道司马懿托病不上朝意味着什么吗?"石鉴属乐天派,他回答:"宰相生病不上朝,一道诏书让他退休了事,你又操什么心呢?"山涛嗤之以鼻:"你处于飞奔马群的铁蹄中间,还以为平安无事呢。"说完后便辞职回家了。阮籍的情况大同小异,正始后期,太尉蒋济(司马懿党羽)和曹爽先后辟他为幕僚,阮籍均采取了敷衍态度,先上任,然后托病辞职,既不得罪双方,又避开了政治陷阱。

总之,到正始八年之后,稽康的一些对政局采取观望态度的好朋友,经常聚集在河内山阳稽康园宅附近的竹林中饮酒清谈,于是,历史上出现了关于竹林七贤的传说。他们是:稽康、山涛、阮籍、阮咸、刘伶、向秀、王戎。①

有些学者,对竹林之游的可信性表示怀疑,认为上述七人没有共同聚集去山阳的时间,更有甚者,竟认为连"竹林"也属虚构,是以佛教的竹林讲经附会而成。上述看法大概是近代学者的疑古病所致。古籍自然不可全信,但也不可全不信。高平陵政变之后,竹林七贤中的阮籍自嘉平元年即被司马懿辟召,七贤自然不可能全部相聚于竹林。但是,如果将竹林之游的时间置于高平陵政变前的正始八年至十年之间,上述七人完全有可能会聚于山阳。再者,山阳地处太行山南麓,气候温和,生长着大片竹林,多为高大、挺拔、翠绿的早园竹,极具观赏价值。七贤在竹林间畅饮,是完全可能的。②

竹林七贤不会长期共同留住稽康家中,仅可能一度

---

① 《世说新语·任诞》:"陈留阮籍、谯国稽康、河内山涛,三人年皆相比,康年少亚之,预此契者,沛国刘伶、陈留阮咸、河内向秀、琅邪王戎,七人常集于竹林之下,肆意酣畅,故世谓竹林七贤。"

② 具体情况,请参看本书附录"'竹林七贤'考"一文。

在此相聚,类似东晋兰亭会之类活动。竹林之游的名士并非政治联盟,而是暂时躲避政治风浪的松散的群体。人数亦自然不会永远七人联合行动,时多时寡,也不仅限于上述七人,至少嵇康的密友吕安等人经常参加竹林清谈无疑。① 后代文人大概选其中知名度高者,比附《论语》中七位古代隐士而成竹林七贤之美谈。

除嵇康外,其他六人的籍贯、生年、出身及竹林之游时身份如下:

山涛,河内郡怀县人。生于公元 205 年,父山曜,宛句县令。山涛幼年丧父,家境贫寒,四十岁入仕,任郡主簿、功曹等佐史,后被举为孝廉。辞官前,任河南从事。

阮籍,陈留尉氏人。生于公元 210 年,父阮瑀,魏丞相掾,建安七子之一。阮籍幼年丧父,本人以高才闻名,辞职前任曹爽参军。

阮咸,陈留尉氏人,生卒年不详,父阮熙,武都太守,阮咸为阮籍之侄。

刘伶,沛国人,生卒年及出身不详。未仕。

向秀,河内郡怀县人,生卒年及家世不详。

王戎,琅邪临沂人,生于公元 234 年,父王浑,官至凉州刺史。

---

① 吕安虽名士,被诬而亡,但毕竟有挝母不孝劣迹,故后代文人将其摒于七贤之外。

竹林七贤中，山涛、阮籍、稽康三人年龄较大，是正始、嘉平之际竹林之游的核心人物。① 山涛与稽康同郡，怀县与山阳相距不远。山涛任本郡功曹（选拔人材官吏），交结本郡著名才子稽康，本是题中应有之义。② 据《晋书·山涛传》讲，山涛先与稽康、吕安交了朋友，后来又结识了阮籍。很可能以山涛为中介，稽康又与阮籍相识。又据《世说新语·贤媛》，山涛将稽康、阮籍的情况告诉夫人韩氏后，韩氏要求见见他们，于是山涛邀请二人来家中作客。二人来到山涛家后，韩氏要求将他们留宿，自己于夜晚从窗洞中窥视，"达旦忘返"。山涛后来问夫人对二人的印象，韩氏认为："你的才气不如他们，但是鉴识人才的能力胜之。"山涛说："稽、阮二友亦是持这种看法。"史家对他们三人的友谊赞不绝口，称为"一与相识，便为神交"，③"契若金兰"。④

山涛家的这次小聚会，实际上是竹林之游的序曲，因为后来三人各自介绍新朋友，形成了这一团体。如向秀

① 笔者认为历史上应有两次竹林之游，第一次在正始、嘉平之际，中心人物是稽康、山涛、阮籍，动机在于避世。第二次在甘露、景元之际，中心人物是稽康、吕安、向秀，动机在于反抗司马氏统治。
② 汉魏时期的功曹，主管本郡人材选拔，故多结交当地名士。如汉末汝南功曹薛勤结识陈蕃、黄叔度，不胜枚举。
③ 《世说新语·贤媛》。
④ 《初学记》十八引《山涛别传》。

与山涛同县,少年时代就得到山涛赏识①,自然由山涛介绍而入。阮咸和王戎则通过阮籍与嵇康相识:阮咸是阮籍的侄子②,王戎是阮籍任尚书郎时同事王浑的儿子。王戎当时仅十五岁,年长王戎二十多岁的阮籍,与王戎清谈的兴趣远远大于其父王浑。③ 王戎大概是阮籍介绍加入竹林名士行列的。至于刘伶是何缘与嵇、阮结识的,已不可详考。《晋书·刘伶传》称,刘伶虽然酗酒,交朋友还是很严格的,"与阮籍、嵇康相遇,欣然神解,携手入林"。

俗话说,物以类聚,人以群分。竹林名士都以庄子的学生自居,称作"好庄老"。庄子在他们的心中,地位已超过了老子。正始后期,当何晏、王弼以老子为旗帜的玄学在实践中陷入危机时刻,竹林名士在庄子的旗帜下聚集在河内山阳,昭示着中国文化思想正处在一个重要的历史转折关口,即玄学思潮将由老学转向庄学,玄学家们关心的主题亦将由国家的无为政治向个体生命的"自由"转变。以重新解释《庄子》为特征的未来玄学思潮两大流派的领袖已神差鬼使地聚会于山阳竹林:以嵇康、阮籍、刘

---

① 《晋书》卷四十九《向秀传》:"少为山涛所知。"
② 《晋书》卷四十九《阮咸传》:"与叔父籍为竹林之游。"
③ 《晋书》卷四十三《王戎传》:"阮籍与浑为友。戎年十五,随浑在郎舍。戎少籍二十岁,而籍与之交。籍每适浑,俄顷辄去,过视戎,良久然后出。谓浑曰:'濬冲清赏,非卿伦也。共卿谈,不如共阿戎谈。'"

伶、阮咸为代表的"越名教任自然"派,将发挥庄子人生哲学的一个侧面,高举元气自然论生命哲学大旗冲击名教之治;以山涛、向秀、王戎为代表的"名教即自然"派,将发挥庄子人生哲学的另一个侧面,从本末体用关系证明名教与自然一致,企图在名教中获得精神的自由。这不是单纯的理论思辨,而是以生命为赌注进行选择,要么上朝廷步青云,要么下牢狱赴刑场。

然而,时间的指针还未走到正始十年之前,竹林名士内部的矛盾还在孕育中,思想差异也没有显现出来,而是在庄子的共同旗帜下,不远千里,从五湖四海聚合在稽康家乡的竹林,喝着黄公酒坊的美酒,听着美妙的琴声,似乎已进入庄子的逍遥之境。其实,他们此时虽在山阳,却密切注视着洛阳政局的变化。正始末年的竹林之游不同于东晋的兰亭之会,他们活得远没有王羲之、谢安那样风流潇洒,这是暴风雨来临之前的平静,这是一个短暂的避风港。逍遥的表象后面,是一颗颗惶恐不安的心灵,焦急地等待着必定响起的震雷。

二、高平陵政变之后

正始十年,人们预感已久的重大事变终于在首都洛阳发生了,无论在中国政治史、文化史还是嵇康个人生命史上,都是一个具有划时代意义的年份。

当曹爽自我感觉良好继续寻欢作乐,何晏惶恐不安又束手无策时,司马懿的政变工作已准备到天衣无缝的地步。这位并没有被完全架空的太傅充分地利用了手中残留的部分兵权和政权,表面上装病不理政务,暗中串联了一批老资格的军官,作了周密布置,并且任命其子司马师为主管武官选拔工作的"中护军"。司马师秘密建立了一支三千人的敢死队,作为政变的突击力量,在一切工作准备就绪的情况下,老谋深算的司马懿并没有掉以轻心,而是采取了"欲擒故纵"的策略,使政变更具有戏剧性。曹爽集团重要成员李胜出任荆州刺史,前去太傅府拜访,名为告辞,实为伺察动向。司马懿装出病入膏肓之状,在两婢女扶持下迎接,双手不断颤抖,披衣衣落,喝粥粥汤沾满胸襟,又装作耳聋,将荆州"误听"为"并州",并且老泪纵横地说,自己将不久人世,恐难再见,将司马师、司马昭兄弟托给李胜多多关照。司马懿的成功表演竟使政敌李胜动了恻隐之心,他向曹爽汇报时,认为人之将死,其言也善。他流着眼泪说,太傅的生命危在旦夕,惨不忍睹,而实际上,却是他们自己命运的写照。

正始十年正月初六,司马懿趁曹爽等人陪同皇帝曹芳离开洛阳去祭扫魏明帝墓——高平陵之机,以迅雷不及掩耳之势发动了政变,派其长子司马师屯兵司马门,列阵阙下,他本人和太尉蒋济率军占领洛水浮桥,切断了洛阳和高平陵的交通。一批心怀不满的老官僚也积极参加了政变,七十六岁高龄的司徒高柔被委派去接管了曹爽的部队。在控制了洛阳局面的同时,司马懿又迫使太后郭氏(曹叡妻)下令免除曹爽兄弟职务;派人送奏章给皇帝曹芳,揭露曹爽兄弟的罪状,要求曹芳黜免曹爽兄弟。曹爽开始扣压了司马懿的奏章,不知如何行动。这时桓范动员曹爽携皇帝到许昌另立中央,而曹爽却轻信了司马懿的说客"唯免官而已,以洛水为誓"的谎言,天真地认为"司马公正当欲夺吾权耳。吾得以侯还第,不失为富家翁"①,向司马懿投降了。当他们回到洛阳后,便被软禁起来,四天之后(正月初十),司马懿以"阴谋反逆"为罪名,将曹爽、曹羲、曹训兄弟及何晏、邓飏、丁谧、毕轨、李胜等同日斩首,诛及三族。正始名士集团在政变中土崩瓦解,曹魏军政大权全部落入司马氏集团手中。当政变发生时,失去社会支持的改制集团束手无策,无法进行任何有效的反政变行动。甚至一些亲近曹爽、何晏集团的人物亦采取了观望态度。例如:政变发生时,司马懿曾率部队在曹爽门前走过,曹爽帐下的亲信严世上楼"引

---

① 《晋书》卷一《宣帝纪》。

弩"准备射杀司马懿,却被另一亲信孙谦阻止,孙谦认为,
胜负未明不可盲动。严世连续三次瞄准,三次均被劝住,
"皆引其肘不得发"。① 又如,桓范冒死冲出洛阳,向曹爽
建议到许昌另立中央,与司马懿抗衡。曹爽等人之所以
没有采纳桓范的建议,是因为他们知道,官僚阶层不可能
听从他们指挥。具有讽刺意味的是,大司农桓范本人都
没能说服司农府的官吏支持曹爽集团,"范欲去而司农丞
吏皆止范"。② 他只得拿着大司农的官印只身逃出洛阳。
整个社会都支持政变,所以尽管杀了曹爽、何晏等八人,
并对其八个家庭实行灭三族的大屠杀,但人民并没有因
此而不安,因为曹爽、何晏台上的作为,已丧失了人心。③

　　高平陵政变使曹爽、何晏集团遭到了毁灭性打击,这
个集团的其他骨干分子以及同情者已经被政变吓破了
胆,并且完全置于新政权的控制之中,无法进行任何反
抗。作为一个完整的政治力量,它已不复存在了。政变
打破了原有的政治格局,但未来向何处去,一时还不
明朗。

　　作为政变领导力量的老一代官僚阶层,对政变的目

① 《晋书》卷一《宣帝纪》。
② 《三国志·魏书》卷九《曹爽传》注引《魏略》。
③ 《三国志·魏书》卷二十八《王凌传》注引《汉晋春秋》:"同日斩戮,
　名士减半,而百姓安之,莫或之哀,失民故也。"

的和政变后的权力分配，看法并不一致。老官僚们积极参加政变，社会同情政变，是因为有共同的敌人，而敌人一旦消失，新的矛盾必然出现，其中对曹魏皇权的态度，成为矛盾的焦点。

积极追随司马懿参加政变的重臣元老，并不想借机消灭曹氏皇帝另建新王朝。他们是曹魏政权的缔造者。许多人自建安时期起就追随曹操南征北战。这个王朝的历史，是他们生命的一部分。同时，他们也不希望司马氏交出兵权，因为这样容易危及他们自己的利益，因此愿意维持现状，保持曹魏名义，拥护司马氏执政。

对政变的领导者司马氏父子来说，继续充当曹魏皇帝的忠实臣民已是不可能的了，且不说政变本身已经侮辱了皇太后和皇帝本人①，并屠杀了皇族成员曹爽等人，重要的是，通过政变，国家的中央军权已完全转入司马氏私门。是否拥有忠于自己的军队，是皇权能否存在的根据，谁掌握着军队，谁就是事实上的皇帝。一旦成为事实上的"皇帝"了，再将军队交出，等于授人以柄，只有死路一条。中国有句老话：不能官则不能民。不能君也不能臣，当年曹操之所以至死不肯把军权交给汉献帝，原因就在于他不愿"慕虚名而处实祸"②。司马懿的处境类似当

---

① 司马懿迫使郭皇太后下诏书。
② 曹操《让县自明本志令》。

年的曹操,殷鉴不远。曹魏的灭亡需要一个过程:一方面司马氏要扩大自己的实力和影响,另一面,社会也需要时间增加改朝换代的心理承受力。

总之,中国社会在高平陵政变之后的普遍心态是维持现状,同时也存在着企图打破现状的司马氏和曹氏的两极对立。亲曹政治力量由三种人组成,一是曹魏老一代官僚中的"忠臣",二是正始名士的漏网分子,三是皇亲国戚中的干才。他们在重振曹魏王室的旗帜下走到了一起。这些魏王朝的支持者,一次又一次地组织兵变、政变,企图扭转局面。然而,恰恰相反,他们每一次削弱司马氏力量的行动,都遭到了惨败;每次失败后,司马氏的力量都得到进一步的加强,而曹魏的实力则一步步削弱。这种消长运动,构成了曹魏后期历史的基本内容。

由于正始名士受到致命打击和曹王室成员的软弱,高平陵政变后首先起来抑制司马氏势力膨胀的力量,竟然是老一代官僚中的人物。如高平陵政变的第二号领袖人物,70多岁的太尉蒋济,就坚决反对肉体上消灭曹爽等皇室人物,因不满司马懿发誓不杀曹爽却自食其言,郁郁不乐而于政变不久后便去世。① 又如首先起兵者,是

① 《三国志·魏书》卷十四《蒋济传》注引《世语》:"济随司马宣王屯洛水浮桥,济书与曹爽,言宣王'惟免官而已',爽遂诛灭,济病其言之失信,发病卒。"

年已 80 岁的太尉王凌。

王凌在建安时期,曾任曹操丞相掾,是老资格的官员。自魏文帝时起,就一直在扬州长期负责对孙吴的军事行动。兵变之前,任太尉并兼任淮南地区的军事领袖,掌握曹魏东南部的兵权。他认为齐王曹芳昏聩无能,受制于司马懿,为了重振曹氏王朝,准备拥立曹操的儿子,年长而有才华的楚王曹彪为帝。事先,王凌曾派人征求儿子王广的意见。王广是才性四本论中持才性离的正始名士,他坚决反对父亲的举动,认为高平陵政变后司马懿恢复了旧制度,人民都拥护他,虽然威胁皇权,但无明显把柄,统治十分稳固。王凌没有听从儿子的劝告,于嘉平三年(251)准备起兵进攻洛阳,因军机泄露,司马懿率大军迅速秘密前往镇压,王凌还未来得及发兵,便被平定并赐死。王凌死前大呼自己是为曹魏社稷而死的忠臣。[①]

平息了王凌未遂的兵变后不到三个月,司马懿也寿终正寝了,军政大权移交给他的儿子司马师,官职为抚军大将军,录尚书事。司马师对曹魏帝国的感情比其父辈更淡薄,所以,他执政期间,司马氏权势日益膨胀,大将军府成了真正的朝廷,大将军府的属员才是真正的政府官员,而魏帝朝廷形同虚设,几为傀儡。魏帝身边的大臣高

---

① 《三国志·魏书》卷二十八《王凌传》注引干宝《晋纪》:"凌呼曰:'……王凌固忠于魏之社稷者,唯尔有神,知之。'"

官,地位已实际降为藩王陪臣,处境狼狈。这样的政治格局使人联想到当年曹操丞相府与汉献帝朝廷的关系。嘉平六年,一场反对司马师的政变活动在曹魏的皇亲国戚中酝酿密谋,核心人物是中书令李丰、大鸿胪夏侯玄和皇后的父亲张缉。

李丰曾是正始清谈的活跃人物,在才性四本论中持才性异观点,高平陵政变前,游离于曹爽和司马懿两大集团之间,脚踏两只船。政变发生时吓得喘不上气来,瘫倒在地,双脚不能站立。[①] 后来,因为与司马师关系良好,而于嘉平四年被任命为中书令。李丰的儿子与魏公主通婚,与皇室的关系更密切,于是李丰找到了可信任的冯翊同乡、皇后的父亲张缉,因为这位国丈的处境并不美妙,"亦不得意",由实权派东莞太守被召进京城"高升"为虚职光禄大夫。[②] 两人一拍即合,决定于嘉平六年二月举行拜贵人仪式,司马师晋见时,以伏兵诛之,并推举夏侯玄为大将军,夺回失去的权力。

夏侯玄是正始名士集团中最有影响力的核心人物之

---

① 《三国志·魏书》卷九《夏侯玄传》注引《魏略》:"曹爽专政,丰依违二公间,无有适莫,故于时有谤书曰:'曹爽之势热如汤,太傅父子冷如浆,李丰兄弟如游光。'……及宣王奏诛爽,住车阙下,与丰相闻,丰怖,遽气索,足委地不能起。"
② 《三国志·魏书》卷九《夏侯玄传》注引《魏书》:"缉有才用,弃兵马大郡,还坐家巷,各不得志。"

一,地位与何晏不相上下,由于他正始中后期作为征西将军一直在西北前线负责对蜀国的军事活动,离开了洛阳政治争斗的漩涡,所以高平陵政变时免于一难。当胜利了的司马懿召夏侯玄回京时,为了洛阳家属的安全,他没有随夏侯霸去蜀国政治避难,而是回洛阳就范。为了安抚人心,司马懿父子并没有杀夏侯玄,而是将其束之高阁,名义上任大鸿胪,实被软禁起来,政治生命已经死亡。① 除夏侯玄本人的利益外,他的家族与曹氏历代联姻,同掌军权,荣辱与共。可见夏侯玄与司马氏集团的矛盾也是很难调和的。

司马师并非等闲之辈,他在曹魏朝廷中布置了大量坐探。李丰、张缉的一举一动都在他的视野中,由于事先获得情报,司马师先下手为强,毫不留情地平息了这场未遂政变。李丰、夏侯玄死得很英勇。李丰被捕后,当面大骂司马师"卿父子怀奸,将倾社稷,惜吾力劣,不能相禽灭耳",被就地处决。夏侯玄被押赴刑场,面对屠刀,面不改色,从容就义。②

夏侯玄在当时知识界中有着相当高的威望。早在二

---

① 《三国志·魏书》卷九《夏侯玄传》注引《魏书》:"玄既为海内重人,加以当大任,年时方壮而永见废。又亲曹爽外弟,于大将军有嫌。"
② 《三国志·魏书》卷九《夏侯玄传》:"玄格量弘济,临斩东市,颜色不变,举动自若。"

十多年前的魏明帝时期,他就是青年浮华案中的精神领袖,以气量宏大、智慧过人而被世人赞誉敬仰,即使被捕入狱后,亦气宇轩昂,而负责审理此案的廷尉钟毓却似乎成了被告。罪名早已内定,审问只是形式,钟毓不忍对这位伟大人物逼供,连夜写好"审讯记录",流着眼泪请其过目,夏侯玄仅是微微点头示意而已。① 在是否杀夏侯玄问题上,司马氏兄弟之间竟然也不一致。司马昭"流涕"请求留他一命,而司马师提醒其弟,正始时期司空赵俨葬礼上发生的一幕:夏侯玄姗姗来迟,几百名送葬宾客全都站起来争先恐后向前欢迎。在士人中有如此高威信的反对派领袖,是决不能让他活在世上的。正是由于这一层原因,夏侯玄的死在士人阶层中引起了不小的心理震动,许多与夏侯玄有来往者感到失去了安全感,人人自危,惊慌失措。司马师故作惊讶:"自从我逮捕了李丰等人,士大夫为何一个个惶惶然,匆匆忙忙地跑来跑去?"②

　　司马师并没有就此罢休,因为案情明显有更深层的背景,各种迹象表明,年龄二十三岁的皇帝曹芳已经很难

① 《三国志·魏书》卷九《夏侯玄传》注引《世语》:"毓以其名士,节高不可屈,而狱当竟,夜为作词,令与事相附,流涕以示玄,玄视,颔之而已。"
② 《三国志·魏书》卷九《夏侯玄传》注引《魏略》:"(大将军)怪之曰:'我自收丰等,不知士大夫何为匆匆乎?'"

控制。他经常单独召李丰密谋①,已经卷入了李丰、夏侯玄的夺权阴谋。甚至有情报说,曹芳在李丰阴谋破灭后仍不死心,另与许允结谋,准备利用这一年秋天司马昭率军队路过洛阳,接受皇帝检阅时,谋杀司马昭,然后率其部队进攻司马师。② 司马师下决心清除这个隐患,禅代时机又不成熟,于是,废除了齐王曹芳,另立高贵乡公曹髦为帝。

从表面上看,废立皇帝的过程是那样合法,而且是为了国家利益不得已而为之:首先由皇太后倡议曹芳退位,司马师流着眼泪将皇太后的诏书出示群臣,征求大家的意见,虽然"群臣失色",无比惊愕,但鲜血早已使群臣清醒了,谁也不愿为一时痛快而付出生命代价。于是退位诏书一致通过,共同起草奏章,列举了曹芳不宜当皇帝的种种罪状,内容无非是违反了天理人伦,如沉湎女色、亲信小人、不理朝政、侮辱忠臣、对太后不孝等。为了帝国的最高利益,不得不"冒死"请太后下令皇帝退位。太后自然"奏可",于是曹芳被逐出了皇宫。③ 然而这一切不过是官样文章,黑幕后面的真实情况简单得令人发指:

---

① 《三国志·魏书》卷九《夏侯玄传》注引《魏略》:"丰为中书二岁,帝比每独召与语,不知所说。"

② 《三国志·魏书》卷四《齐王曹芳纪》注引《世语》。

③ 《三国志·魏书》卷四《齐王曹芳纪》注引《魏书》。

司马师派郭芝率兵径直入宫,恰逢太后与曹芳对坐,郭芝直截了当地告诉皇帝,大将军(司马师)准备废掉他。曹芳听后,知趣地走开了。太后很不高兴。郭芝说,此事大将军已决定,现重兵在宫外伺候,只有顺旨一条出路。太后要求见一见大将军,申述自己的理由,被郭芝断然拒绝:"大将军不见,快把皇帝的玺绶拿来了事。"太后泄了气,不敢继续申辩,老老实实地交出了玺绶。[①]

　　废立皇帝已经操纵于司马师私门,曹魏王朝大势已去矣。

三、七 贤 分 化

　　高平陵政变不仅是曹魏政治的转折点,而且对中国文化亦产生了深远影响。

　　政变杀死了正始名士的骨干分子,罢免了一大批追随正始名士的青少年士人,等于砍断了正始玄学的脊梁。因而,一度高涨的清谈热潮随之陷入沉寂。由于政变的领导核心由 70 岁以上老人组成,政变口号是恢复旧制度,又树起儒家名教治国的大旗,因此,给尔后的官方意

————————

[①] 《三国志·魏书》卷四《齐王曹芳纪》注引《魏略》。

识形态蒙上了一层倒退保守的色彩。其实这仅仅是表面现象，保守力量不可能将已发展了的社会拉回过去，仅能延缓历史继续前进的速度而已。

从社会基础上看，经过正始玄学的思想洗礼，新的一代士族青年已经成长起来，玄学的哲学家是少数人，但玄学思想却影响了整整一代人的文化心态。他们是老官僚的子孙和事业接班人，从肉体上全部消灭他们是根本不可能的，相反，老人只能依靠他们的后代去统治未来的国家。因此，两代人必须妥协。高平陵政变一度罢免了曹爽集团征辟的青年官员，这只不过是按当时的行政法规走一下过场，这些人物后来再次身居要职，成为新政权的支柱，如裴秀、裴楷、钟会、卫瓘、王沈、荀勖、卢钦等等。

从意识形态方面看，司马懿并没有将玄学理论视为一种必须镇压的思想流派。这些从汉魏之际社会文化大崩溃中九死一生的建安老人，是没有任何真正信仰的一代人，儒、道、法术在他们眼中都不过是获得成功的手段。他们高喊复旧，但倒退到哪个时代，连他们自己也不清楚，就更谈不上提出什么系统的理论纲领了。他们手中的儒家"名教"，只不过是个打击反对派的狼牙棒。只要敢于反对他们，都会以不忠不孝、不仁不义的罪名丧生于棒下。司马懿本人何尝是仁人义士呢？结发之妻人老珠黄后，他拒不接见，称之为"老物可憎"，绝没有汉儒那种

"糟糠之妻不下堂"的义气。

如果说,高平陵政变后嘉平初期一段时间里,因司马懿等老人表面的守旧态度还使曹魏的政治文化气氛有些紧张的话,那么,自嘉平三年司马懿死后,情况就发生了较大的变化。

继承父亲遗业走上政治舞台中心位置的司马师,属于新一代的士族知识分子,与何晏、夏侯玄思想状况并无本质区别。早在20年前的魏明帝太和年间,何晏、夏侯玄聚众清谈,掀起"浮华交会"风潮时,年轻的司马师就是一个积极的参加者,与何晏等人打得火热。某次人物品评时,何晏用《易·系辞》中的语言分别对司马师、夏侯玄和自己作了评说,大意为:夏侯玄思想深刻,能通晓天下的道理;司马师明察缜密,能完成天下的事功;还有一种无所不至、无所不能的"神人",大概是指何晏自己。① 可见当年他们曾是好朋友。剧烈的矛盾冲突,是后来家族利益所致,朋友固然重要,但自己更重要。即使在与何晏集团冲突时,司马师亦从未仇视过玄学理论。正始十年(嘉平元年),玄学大师王弼因病去世,司马师为之伤心叹

---

① 《三国志·魏书》卷九《曹爽传》注引《魏氏春秋》:"初,夏侯玄、何晏等名盛于时,司马景王亦预焉。晏尝曰:'唯深也,故能通天下之志,夏侯太初是也;唯几也,故能成天下之务,司马子元是也;惟神也,不疾而速,不行而至,吾闻其语,未见其人。'盖欲以神况诸己也。"

息数日。①

　　司马师执政时期,"名教"的大棒依然存在,打击对象当然以是否反对现政权为标准,棒下毙命的是异端思想家还是真正的名教模范,已无关紧要。广大中青年士人已看到了这一点,纷纷向司马师靠拢,而司马师则为扩大自己的实力,网罗人材,对前来攀附的名士,大为优待。因为司马师明白,他已无法依靠父辈老臣治理国家。与他同辈或者晚辈的士人,最受欢迎。所以高平陵政变后,许多一度采取回避态度的知识分子,包括按惯例被解职的曹爽集团的青年人,都先后投入了司马氏的怀抱。其中,钟会就是一个典型。

　　钟会曾是何晏思想的追随者②,在正始玄学理论家中,他的地位仅次于何晏、王弼、夏侯玄。由于不是何晏政治集团的重要人物,故高平陵政变时未被触及。钟会政变前已任中书郎,但政治上的大发迹,则是从司马师时代开始的。有一次,司马师命令中书令虞松写篇文章,虞松再三推敲,几易其稿,司马师仍不满意,让他再修改。虞松为之愁眉苦脸,钟会见状追问,得知原因后,拿过文

---

① 《三国志·魏书》卷二十八《钟会传》注引何劭《王弼传》:"弼之卒也,晋景王闻之,嗟叹者累日,其为高识所惜如此。"
② 《三国志·魏书》卷二十八《钟会传》注引何劭《王弼传》:"何晏以为圣人无喜怒哀乐,其论甚精,钟会等述之。"

章,改了五个字,成了一篇妙文,虞松十分高兴,送呈司马师,司马师阅后即认为绝非虞松水平所能为之,让虞说出作者姓名,虞松说:"不敢掠他人之美,早有意推荐,是出自钟会之手。"司马师大喜,约钟会来细谈,准备"大用"。钟会得信后,并没有得意忘形,急于晋见,他是一位每逢大事有静气的人物,准备充分利用此次难得的机会。于是,闭门谢客,沉思了十天,将谈话内容反复考虑成熟,然后去了大将军府。清晨入府,夜半才出。司马师高兴地拊手叹息:"此真王佐之材也。"从此,司马师门下多了一位不可多得的干才,为该家族最终登上皇位,立了汗马功劳。

洛阳政治局势和文化风气的变化,都在河内山阳竹林七贤的视野中。面对司马师时代的到来,政治背景与价值理想并非完全一致的竹林名士团体,势必要分化瓦解。

其实,早在高平陵政变发生的嘉平元年,竹林七贤共同相聚山阳已不再可能。司马懿上台后不久,就辟阮籍为其幕僚,任大将军从事中郎一职,负责起草重要文书。可见阮籍已离开山阳去洛阳任职了。阮籍的父亲是建安七子之一的阮瑀,当年就以为曹操起草漂亮的文书而闻名,司马懿曾与阮瑀共事,对此记忆犹新。阮籍的文采不亚于其父,是著名的才子,司马懿将他纳入秘书班子是顺理成章的事。此外,阮籍在高平陵政变前辞去曹爽参军一事,可以作多种解释:在社会眼里,属于有政治远见;在司马懿眼中,可视为与曹爽集团划清了界限,属于老同事之子弟中的自己人。对阮籍来说,可能有苦说不出,对蒋济、曹爽的辟召,他敢拒绝或辞官,但对这位有"狼顾相"、一次能下令杀死七千名俘虏的太傅,他是绝不敢不恭的。汉魏时期,拒绝辟召是对恩主的大不敬,当年司马懿就曾因拒绝曹操征召而险些被捕。况且在政变后杀机四伏的形势下,阮籍更不敢轻易冒犯。于是,阮籍首先与当局合作了。至于他内心的矛盾与痛苦,我们在以后章节还要专门介绍,那是后话。

与阮籍被迫就范不同,司马师及司马昭时代的隐士出山运动却是心甘情愿的。明眼人都会看到,新旧政权正在更替,各种政治力量处于新的组合中,这无疑是一个大有可为的动荡时代,不失时机地进行正确的投资,可以获得"超额利润"。山涛感到不能再观望下去了,错过机会将意味着潦倒一生,于是在嘉平四年之后投到了司马师门下。山涛与司马懿的妻子是中表亲,所以直接拜见了司马师,司马师对这位著名大隐士亲戚的到来非常高兴,半开玩笑地说,垂钓隐居的姜子牙也准备步入仕途了,并立即命令下属办理各种入仕的法律手续。按选官程序,司州将山涛荐举为"秀才"(高于孝廉,为地方向中央荐举的最高级人材）。王戎是以何种途径步入官场，无法详考①，他最终像山涛一样，做了晋朝三公一级的大官。

山涛、王戎的政治选择无可非议。一方面，他们对曹魏王朝并不承担任何道义上的责任，胜者为王，败者为寇，历来如此，历史已向这些古代读书人昭示了王朝更替的合理性。曹氏不是几十年前刚刚禅代了汉朝吗？为什么不可以再次被禅代？另一方面，也与他们对老庄哲学的理解一致。老子讲和光同尘，庄子讲随波逐流的顺世逍遥，提升到理论高度，叫做"道法自然"。一个人在社会上生存，就要随时势变化而变化，美其名曰"体道通达"。从个人的文化性格看，山涛、王戎与阮籍、嵇康明显不同，他们属于政治家类型，而少诗人气质，能用冷静的眼光审视利害关系，作出理智的选择。如山涛在处理政务和人际关系方面，在晋王朝中获得一片赞扬，堪称一位人事方面的"平衡大师"。王戎比山涛更实际，有能透过各种现象立刻发现其中交换价值的天才，阮籍虽然欣赏他的机智，但也厌恶他的"俗气"。看问题太实际，自然免不了"俗气"，所以在竹林高雅的清谈中，当大家沉浸在超越现实的艺术哲学境界中时，王戎提出某个实际的生活问题，

---

① 据《晋书·王戎传》："袭父爵，辟相国掾。"似乎到司马昭任"相国"后才入仕。

令人倒胃口。某次清谈时,逢王戎到来,阮籍讥笑曰:"俗物又来败人意。"阮籍的看法被后来的史实所证明。王戎以富裕吝啬而闻名于世,手执计算器(牙筹)日夜算钱,女儿借了钱,几天不还就给脸子看。从子结婚,仅送单衣一件,完婚即索回。这种禀性在竹林名士中必然遭讥讽,但在唯利是图的官场上则如鱼得水。王戎对自己行为的解释就是名教与自然一致,在金钱与权力中获得自由。后来当他主持选官时,问考生的试题是:圣人名教与老庄自然是否相同。①

哲学信仰与政治选择有时并不一致。比如向秀,对庄子哲学的理解与山涛、王戎并无二致,他所注《庄子》一书,主题就是讲纲常名教与人性自然的一致,出世与入世的一致,理论上与嵇康的"越名教任自然"截然相反。但是,向秀本人却在险峻的政治环境中一直追随嵇康,是竹林七贤中最后一位屈服的名士。

山涛、阮籍是竹林七贤的中心人物,他们的先后出山,宣告了竹林名士群体的瓦解。尽管王戎、阮咸、刘伶的入仕时间晚一些,但是到司马师时代,也离开了山阳,追随嵇康的名士朋友,只剩下向秀一人,还有那位未入七

① 《晋书·阮瞻传》载阮瞻见司徒王戎,戎问曰:"圣人贵名教,老庄明自然,其旨同异?"瞻曰:"将无同。"戎咨嗟良久,即命辟之,时人谓之"三语掾"。

贤名单的吕安。这些变化,使嵇康受到了很大的精神
震动。

四、何 去 何 从

嵇康对司马氏集团的态度,在高平陵政变前后经历
了一个复杂的变化过程,随着司马氏对曹魏王位的威胁
逐渐明朗化,嵇康也由观望、困惑发展到对抗。

嵇康虽然与魏王室有姻亲关系,何晏还是他妻子的
姑夫,但他并没有借此而飞黄腾达,也未投靠曹爽、何晏
集团,所以在高平陵政变之前,对两大政治集团的政治斗
争采取了回避方针,回到家乡山阳观望。因为这时的斗
争,还属于曹魏王朝内部不同派系之间的摩擦,并没有推
翻魏王朝的任何迹象。所以高平陵政变本身,并没有在
嵇康思想上激起巨大的波澜。但事态的进一步发展,使
他不得不认真考虑司马氏势力的终极目标,以及自己应
何去何从了。

政变后第一个使嵇康不安的事件是嘉平三年王凌的
未遂兵变。虽然曹魏的军政大权已明显旁落,但司马懿
对皇帝没有采取非礼举动,断定司马氏必然"禅代"的证
据并不充分。司马懿与王凌的斗争,可以作多种解释:

篡位者与魏王朝忠臣之争,老臣之间的权力之争,或是一场误会。稽康从最善良的愿望出发,认为可能是误会所致,写了影射史评《管蔡论》一文。管叔与蔡叔是周武王的兄弟,因反对周公摄政而起兵造反,被周公率军镇压。稽康在《管蔡论》中,认为这是一场历史误会:管、蔡听信流言,但动机良好;周公为国家平安,不得不平叛,亦是合理。可见稽康的立场,既肯定司马懿平叛合理,也替王凌兵变的良好动机申冤。

学术界根据稽康曾打算帮助毌丘俭起兵的记载,认为《管蔡论》是稽康为毌丘俭兵变所撰写的翻案史论。这种看法值得商榷。毌丘俭兵变发生在司马师杀夏侯玄、废曹芳之后,篡位形势已十分明显,而稽康《管蔡论》中认为,周公平叛一事,属于双方误会,对周公和管蔡的品质都持肯定态度。这一政治立场对稽康来说,只能发生在废曹芳之前。

稽康很想阐发自己对王凌事件的看法,又不敢直接著论,于是借管叔蔡叔之尸,还当代之魂。其创作动机,大概是王凌事件后,司马氏操纵的舆论一边倒,将王凌起兵视为大逆,王凌等人成了一无是处的天生逆贼。中国古代对政敌的攻击,往往是全盘否定,一旦沦为阶下囚,则一笔抹杀全部功绩,甚至在娘胎中就是十恶不赦的罪犯。稽康的《管蔡论》开篇,借某位虚设的提问者,对管蔡系天生反贼的定论提出了疑问。

提问者对史书中管蔡一案的"判决词"感到困惑：既然管叔蔡叔品行如此恶劣，那么，文王、武王及周公这些明察秋毫的圣人作为管蔡的父兄，自幼与之相处，却看不出其罪恶的本质，反而任命他们治理殷商的顽民，掌握极大的权力，以至造成了严重的国内战争。这从道理上是讲不通的。

嵇康对上述问题作了如是解答：史家关于管叔、蔡叔为恶人的看法是错误的。管蔡本质上都是"服教殉义，忠诚自然"的善人。正因为他们本质上是忠臣义士，所以文、武、周公三位圣人才委以重任。管、蔡二人不负众望，在任职期间，辅佐武庚，将领地治理得井井有条，政绩卓著，"名冠当时"。周武王去世后，成王年幼，周公于是摄政，大权在握。直臣管、蔡不能正确理解并顺应形势的变化，轻信流言，错误地认定周公将篡夺王位。出于为国除奸、保卫天子的一片忠心，他们发兵讨伐周公。动机虽好，但毕竟表现为起兵叛乱；一旦起兵犯上，中央政府则不得不平叛，对叛乱首犯不得不严厉制裁，必须杀一儆百，无法考虑动机、品质、血缘等其他因素。既然被政府镇压，必须冠之以罪恶之名，所以他们真实的品质也就无法著于史册了，留下的只能是犯上作乱的劣迹。后人据罪名看人，于是管蔡被误认为天生一贯作恶的坏人。其实,通过逻辑推理也很容易看出事实真相,如果管、蔡为恶人,那么文、武、周公三位圣人则用人不当,不能称为英明的圣人;如果三位圣人的确英明,则不会任命这两个坏人担当重任。圣人重用的人,一定是忠良,可见管蔡本质善良无疑。显而易见,正确的解释应当是这样:文、武、周公三位圣人英明,任用贤人无误;管蔡二位忠臣不能通权达变,轻信流言蜚语;战争已发动,周公不得不平叛,亦是英明正确。只有这样解释,才能不互相矛盾,合情合理。① 嵇康的《管蔡论》认定管蔡为忠臣,过于鲠直,实为王凌鸣冤,表明他的立场已向曹氏力量倾斜,但是文中又认定周公平叛合理,与后来大骂周公的立场相悖,表明了嵇康此时还对司马懿存有幻想。不是嵇康政治短视,因为司马懿篡位的迹象此时并不十分明显。

随着司马师时代的来临,李丰、夏侯玄被杀,皇帝曹芳被废,斗争的性质已经明朗化,曹魏王朝岌岌可危,而广大士人并没有过多的犹豫便心安理得地准备当司马氏王朝的"功臣"或"顺民",尤其是好友山涛等人纷纷离开了竹林,走上了朝廷金马门,使嵇康思想急剧动荡,陷入了深刻的矛盾之中。

---

① 《嵇康集》卷六《管蔡论》:"管蔡怀疑,未为不贤。而忠贤可不达权,三圣未为用恶,而周公不得不诛。若此,三圣所用信良,周公之诛得宜,管蔡之心见理,尔乃大义得通,内外兼叙,无相伐负者。"

嵇康是一个有相当历史知识而且思想深刻的哲学家,他当然不会相信曹魏帝国千秋万代的神话,中国的历史已表明王朝更替的必然性。无论是以天意、道德还是武力对其中原因作出解释,几百年以至几十年有王者兴都是无法否认的事实。以往圣贤已经反复论证了王朝循环的合理性,像嵇康这样通达的道家信徒,大无必要为某个具体政治力量的兴衰过分认真。况且,嵇康并没有准备利用自己的皇亲身分进行政治投机,在何晏最显赫的时期,也不过按惯例得了一个七品闲职,没有受到特殊的恩惠,所以,继续采取回避态度,逍遥于竹林,是无可非议的,绝大多数曹魏皇亲国戚不都在其封地内平静地等待改朝换代吗?然而,嵇康却很难逍遥下去,感到内心有沉重的压力,这压力完全出于自己的良心,或者说,是他生来具有的过于强烈的责任感。在嵇康看来,既然自己已经与曹魏王朝联姻,那么对王朝的兴衰就有不可推卸的责任。

道德的核心就是责任,但责任的范围在一个具体的历史时空中存在着双重标准,社会的和自我的。两者和谐一致,是常人;两者冲突,是志士或败类。败类的责任感达不到社会标准,志士的责任感超出社会的要求。荆轲为知己而捐躯,汉末名士为救世而献身,他们完全可以不去做,亦无可非议,但责任感却无法原谅自己。这便是孔子所说的那种"知其不可而为之"的精神,令人肃然起敬的殉道精神。

人类责任感出现如此巨大差距之原因,至今仍是个不解之谜,所以我们也无法探讨稽康责任感产生的深层精神动因,但我们可以通过稽康留下的文字来尝试理解他此时的心态。

过于强烈的责任感,在黑暗的中国古代社会,往往是知识分子的致命伤。按鲁迅的话说,就是过于认真:说出来,送掉了性命;忍着,又嗞碎了自己的心。稽康处于这种两难的内心痛苦中。他十分珍惜自己的生命,所以在司马师时代,他选择了"忍着",并没有挺身而出,结果嗞碎了自己的心。《卜疑》一文,可视为稽康此时心态的写照。

这是一篇模仿《楚辞·卜居》形式的骚体文,占卜的内容是关于生存方式的选择。文章开篇描写了一位有道家信仰的"宏达先生",以坦荡真诚的态度生活,既顺应社会习惯,又决不媚俗;既步入仕途,又不以飞黄腾达为意。① 面对社会风气的江河日下,这位隐身于仕途的宏达先生已感到很难继续"宏达"了。他看到人们在利益的驱使下,已经丧失了人格和良心,不择手段地争过升官发

① 《稽康集》卷三《卜疑》:"交不苟合,仕不期达,常以忠信笃敬,直道而行之。"可见这位宏达先生仍在官场,并非山林隐士。

财的独木桥。因此,他产生了出世念头,准备效法山林之士,隐居垂钓,却又无法摆脱自己内心所承担的社会责任,在矛盾之中不能自拔,理论分析和逻辑证明都无济于事,因为在任何一种行为方式上,都会有两个不同的解答。当理性无能为力的时候,宗教情感油然而生,这位宏达先生只能求救于"数术"了。他来到一位大占卜士太史贞父住处。贞父正襟危坐,拿出龟甲蓍草,请来客说出卜问内容。宏达先生一气提出十四对矛盾的生存方式,请问何去何从。

1. 是公开表达自己的思想,不屈从于权贵,直言相争于朝廷呢? 还是秉承旨意,唯唯诺诺,百依百顺呢?

2. 是乐善好施,广做好事而不计自己得失呢? 还是为获得最大利益而不择手段呢?

3. 是隐名埋姓,无私奉献呢? 还是以欺诈手段制造道德壮举,窃取美名呢?

4. 是坚持正义,明辨是非,坚决与坏人坏事作斗争呢? 还是圆滑处世,假装糊涂明哲保身呢?

5. 是遗弃世事,遁迹山林,学王乔、赤松长生之术,走神仙之道呢? 还是积极入世,像伊尹、吕尚那样辅佐英主建功立业呢?

6. 是像深水蛟龙隐匿自己的才华,默默无闻呢? 还是像云中鸿鹄,展现自己的风采,扬名天下呢?

7. 是做一个外表顺应时势而内心淡泊的入世隐士呢? 还是做一个外表旷达不羁而内心与世俗不二的名利之客呢?

8. 是摈弃一切是非之心,不争不让,效法原始时代的混沌淳朴呢? 还是充满了情感欲望,为获得功名而与帝王将相周旋,时常因不得志而愤愤不平呢?

9. 是拼命聚敛财富,在美酒佳肴、丝竹歌舞的豪华奢侈中度过一生呢? 还是含辛茹苦,躬耕劳作,在清贫中度过一生呢?

10. 是像八元八恺那样辅佐虞舜,兴邦治国呢? 还是像巢父许由那样的隐士对尧舜帝业不屑一顾呢?

11. 是像泰伯那样让出王位,并隐匿自己美德呢? 还是像季札那样让出王位,却公开高扬此类义举呢?

12. 是像老子那样清静无为玄虚守一呢? 还是像庄子那样混同是非放达飘逸呢?

13. 是像管仲那样为建立霸业而忍辱负重呢?

还是像鲁仲连那样决不为功名富贵失去自由呢？

14. 是像市南子那样神勇无比却永远隐居呢？
还是像毛遂、蔺相如那样英勇立功、壮士留名呢？

嵇康提出的以上十四对悖论中，有些问题属于针砭时弊的"怪论"，嵇康的价值观念并没有真正为之动摇，例如关于是否要"苟察偷合，崇饰矫诬"，嵇康并非存在选择的疑惑，只是借机发泄不满而已。然而其中的大多数悖论，却明显围绕着嵇康的人生矛盾主线——出世逍遥与入世逍遥而展开。

"此谁得谁失，何凶何吉？"宏达先生请太史贞父为他占卜时强调指出：人类淳朴的社会已经一去不复返了，功名利禄已经成为人类活动的唯一目标。在这充满了尔虞我诈、嫉贤妒能的金权文化时代，古圣贤教导的生存方式已经难以施行，不得不请大师以占卜决断。

太史贞父竟然拒绝为宏达先生占卜，理由是道德纯粹的人不必看相，心性通达的人不必占卜。宏达先生对外无愧于社会，对内无愧于自己的良心，已经达到了道的境界，不必为世俗变故而忧虑。这是说，太史贞父也无法解答上述悖论，他无法解开嵇康的情结。这实际上是嵇康自己的精神无法解脱。他将一直彷徨到生命的终结，即使时势迫使他作出了某种选择，也是不得不耳。

第四章
避　世

一、从山阳到河东

正元二年(255),镇东将军毌丘俭和扬州刺史文钦联合发动兵变,武装反抗司马师,使平静的政局再度动荡起来。

毌丘俭是当年魏明帝的好友,又与夏侯玄、李丰关系非同一般。① 文钦是曹爽的同乡亲信。② 高平陵政变后,他们虽未受到迫害,但内心惶恐不安。③ 夏侯玄、李丰被杀,皇帝曹芳被废后,感到处境更为不妙,于是联合发动

---

① 《三国志·魏书》卷二十八《毌丘俭传》:"明帝即位……以东宫之旧,甚见亲待……初,俭与夏侯玄、李丰等厚善。"
② 《三国志·魏书》卷二十八《毌丘俭传》注引《魏书》:"曹爽以钦乡里,厚养待之。"
③ 同上:"自曹爽之诛,钦常内惧。"

了兵变。在讨伐檄文中,列举司马师十一条罪状后申明,只清算司马师一人,司马氏家族的其他成员仍是受魏朝信任的忠臣,企图分而治之,各个击破。当时,司马师刚刚做完切除眼睛肿瘤的手术,疼痛难忍。在傅嘏、钟会的劝说下,带病亲征,平息了兵变。斩毌丘俭,文钦逃亡吴国政治避难。曹魏王朝系统的又一次反抗以失败告终。

平毌丘俭兵变不出一月,司马师在许昌病逝。临终前,将军权移交给从京师前来许昌"省疾"的弟弟司马昭。在司马氏权力交接中,钟会起了相当重要的作用。当时,魏王朝企图趁机夺回权力,下令司马昭任卫将军,留守许昌,由尚书傅嘏统帅讨伐毌丘俭的"六军"主力部队回京师。显然,一旦部队回京,军权必然重新回归皇室手中,形势将发生决定性逆转,这对司马氏势力来说,无疑是一个生死攸关的时刻。钟会与傅嘏密谋后决定不执行朝廷的指令,与卫将军司马昭一起率军回洛阳。当部队再次驻扎在洛水南岸时,朝廷不得不低头了,承认司马氏权力交接的完成和自己伎俩的破产,将已故司马师的所有官衔再次加封于司马昭头上。兵变激起的涟漪很快消失得无影无踪,政局再次归于平静。

当毌丘俭兵变的消息传到河内山阳时,嵇康一度为之振奋,一说他企图在当地组织暴动,与毌丘俭遥相呼应,当征求山涛的意见时,被山涛劝阻,不久兵变失败,嵇康的计划也随之流产。① 一说他企图去淮南帮助毌丘俭,被山涛劝住。② 秀才造反,三年不成,嵇康一介书生,组织武装暴动可能性极小,思想上同情或准备只身参加则比较合乎逻辑。嵇康的热情没有持续多久,毌丘俭的军事失败,司马氏兄弟之间顺利的权力交接,表明曹魏王朝大势已去。

正当嵇康因失望而陷入苦闷之际,冤家路窄,发生了一件出乎意料的怪事——司马昭的亲信、与嵇康相闻甚久而未曾谋面的钟会,带着大批随从,前来"拜访"了。③

自平息毌丘俭兵变,帮助司马昭登上大将军宝座后,钟会成为司马氏集团的核心人物,官居黄门侍郎,封东武亭侯,邑三百户。他虽然官职不算太高,但权力极大,是司马昭最信赖的谋士之一,此时可谓春风得意,踌躇满志。史家称他"乘肥衣轻,宾从如云"④,浩浩荡荡地进了山阳嵇康园宅。

关于钟会这次行动的动机,已不可详考。无非有两

---

① 《三国志·魏书》卷二十一《王粲传》注引《世语》:"毌丘俭反,康有力,且欲起兵应之。以问山涛,涛曰:'不可。'俭亦已败。"
② 《晋书》卷四十九《嵇康传》:"康欲助毌丘俭,赖山涛不听。"
③ 《三国志·魏书》卷二十一《王粲传》注引《魏氏春秋》将钟会访嵇康一事置于嵇康"避地河东"之前。而钟会地位显赫,"为大将军所昵",是在平息毌丘俭兵变之后的司马昭时代,故将此事系于该年。
④ 《三国志·魏书》卷二十一《王粲传》注引《魏氏春秋》。

种可能。一是希望与嵇康交朋友。这时钟会已经发迹，与正始时期遥掷《四本论》时不可同日而语。如此"礼贤下士"，一般人士，谁不感激涕零，借机攀附？二是可能听到嵇康准备闹事的传闻，前来窥察虚实。依常理推测，第一种可能性较大，因为核实造反一事，犯不上钟会亲自出马。扪心而论，钟会对嵇康的才学还是十分钦佩的。

嵇康多才多艺，除音乐外，还酷爱锻铁。他的园宅中有棵茂盛的大柳树，他引水环绕大树，夏天便自成一清凉世界。打铁的炉台，就设在树下。嵇康打铁并非出于经济目的，所成器具馈赠邻居朋友，概不收费。但是，亲朋好友为表答谢送来的酒菜，则来者不拒，一起在树下痛饮清谈，尽欢尽乐。

钟会驾到时，嵇康正在树下趁热打铁，向秀在一边当助手，鼓风烧火。面对这位显赫的不速之客，嵇康采取了不予理睬的冷处理态度，继续打铁不止，"扬槌不辍，旁若无人，移时不交一言"。钟会讨了个没趣，被冷落在一边，有些下不了台。但这位青年才子还是很有气度的，他起身准备默默离去。这时嵇康忽然冷冷地发问："何所闻而来？何所见而去？"钟会的回答耐人寻味："有所闻而来，有所见而去。"

钟会带着刻骨铭心的愤恨悻悻地走了，嵇康将为自己的傲慢付出沉重的代价。其实，嵇康并非与钟会过不去,而是对司马氏集团以及投靠这个集团的士大夫帮凶,表示不妥协态度。

钟会走后,又传来一个使嵇康震惊的消息:新上任的大将军司马昭准备选他为僚属。司马昭的动机可作多方面的解释:可能是为了扩大自己的势力而网罗人材,也可能是受钟会的挑唆,试探嵇康对大将军的政治态度。无论司马昭的动机如何,这一传闻无疑使嵇康的处境十分尴尬。应辟入大将军府,自己的良心不允许;拒不应辟,会引来不必要的麻烦;离家出走,去当山林隐士,娇妻弱子怎么办?岂不毁了一个好端端的家庭。好在这仅仅是传闻,并且只是司马昭"欲辟",然而,一旦辟书下达,岂不被动?于是嵇康也放出风去,声称将拒绝一切政治事务的烦扰云云。①

当嵇康在为何去何从而为难的时候,使他暂时得到解脱的契机出现了。第二年正月,即甘露元年(256)正月,沛王曹林病逝了。按丧礼的规定和当时的惯例,嵇康的妻子长乐亭公主,要回娘家为其父服齐衰丧,服丧期间必须中止正常的夫妻生活,这对嵇康来说,则是一个难得的遁迹山林、躲避政治干扰的机会。同时,连续的打击已

---

① 《三国志·魏书》卷二十一《王粲传》注引《魏氏春秋》中按先后顺序记载了钟会拜访、司马昭"欲辟"、嵇康有"绝世之言"和最终离家出走避地河东等事件,故作上述推论。

使嵇康对曹魏的政治前途失去了信心,而对修道隐士生活的长期向往,则更为强烈,亦想借此机会一了平生夙愿。在这一年①,他离开了家乡山阳,踏上了追随"真人""至人"之路。于是历史记载中出现了一个关于嵇康"避地河东"的传说。

临行前,嵇康与郭遐周、郭遐叔互赠诗告别。通过这些诗文,可以窥见嵇康此时的复杂心情。

郭遐周、郭遐叔生平事迹无任何记载,大概是兄弟俩,嵇康在山阳家乡的名士朋友,"竹林之游"不见经传的当地参加者。郭氏兄弟赋诗为嵇康送行,郭遐周三首,郭遐叔五首。这些诗回顾了他们与嵇康一起度过的美好时光。作为志同道合的朋友,他们都厌倦官场的束缚,同游于故乡的青山绿水。"亮无佐世才,时俗所不量。归我北山阿,逍遥以相伴。同气自相求,虎啸谷风凉。惟余与嵇生,未面分好章。"②相聚清谈,流连忘返,犹如古人路上相遇,停车靠近长谈以至车篷互相倾斜交盖:"古人美倾

---

① 关于嵇康离家出走"避地河东"的时间,有不同说法,据各种史籍记载,嵇康此次外出云游了三年。他在公元261年所写的《与山巨源绝交书》说,"前年自河东还",指259年由河东返回山阳。再向前推三年,当在256年离家,与嵇康妻长乐亭公主为其父沛王曹林开始服丧的时间一致,故将嵇康"避地河东"的时间,假定于公元256年。

② 《嵇康集》卷一《郭遐周赠三首》。

盖，方此何不臧。"①柴门茅屋，席地而坐，弹筝鸣琴，其乐不可言，绝不羡慕豪门丝竹歌舞、美女如云的游宴："援筝执鸣琴，携手游空房。栖迟衡门下，何愿于姬姜？"②在情投意合的聚会中，时间飞快地流逝，经常清晨相见，不知不觉已达夜半："每念遘会，惟曰不足。听往宵归，常苦其速。欢接无厌，如川赴谷。"③

好景不长，嵇康就要被迫离开家乡了。郭氏兄弟为之陷入深切的惆怅之中。郭遐周写道："我友不斯卒，改计适他方。严车感发日，翻然将高翔。离别在旦夕，惆怅以增伤。"看到水中群游的鱼，空中群飞的鸟，不免触景生情，想到将孤独地身在异乡为异客的友人："叹我与嵇生，忽然将永离。俯察渊鱼游，仰观双鸟飞。"郭遐叔的诗写得更为伤感。听到消息后，他方寸已乱："如何忽尔，将适他俗……心之忧矣，视丹如绿。""如何忽尔，超将远游……展转反侧，寤寐追求。驰情运想，神往形留。"在临行前日，彻夜未眠："如何忽尔，时适他馆。明发不寐，耿耿极旦。心之忧矣，增其愤叹。"

在故乡生活得如此逍遥，为什么一定要远离呢？二郭的诗中，充满了"如何忽尔"的疑问。也许嵇康是为了

---

① 《嵇康集》卷一《郭遐周赠三首》。
② 《嵇康集》卷一《郭遐周赠三首》。
③ 《嵇康集》卷一《郭遐叔赠五首》。

追求更高的人生目标,也许好男儿本应志在四方,所以,尽管依依不舍,但在诗文的最后,仍然充满豪情地祝嵇康一路顺风,完成功德,有朝一日再回故乡的热土。

> 离别自古有,人非比目鱼。
>
> 君子不怀土,岂更得安居。
>
> 四海皆兄弟,何患无彼姝。
>
> 岩穴隐傅说,空谷纳白驹。
>
> 方各以类聚,物亦以群殊。
>
> 所在有智贤,何忧不此如。
>
> 所贵身名存,功烈在简书。
>
> 　　　　　　　（《嵇康集》卷一《郭遐周赠三首》）

> 君子交有义,不必常相从。
>
> 天地有明理,远近无异同。
>
> 三仁不齐迹,贵在等贤踪。
>
> 众鸟群相追,鸷鸟独无双。
>
> 何必相呴濡,江海自从容。
>
> 愿各保遐年,有缘复来东。
>
> 　　　　　　　（《嵇康集》卷一《郭遐叔赠五首》）

读二郭的赠诗,嵇康心中的悲愤是难以名状的。他何尝愿意离开故乡的热土和娇妻弱子，完全是不得已而为之的选择。激愤之中，他挥毫写下了《五言诗三首答二郭》，表述了自己出走的真实原因和复杂感受。

其 一

天下悠悠者，不能趋上京。

二郭怀不群，超然来北征。

乐道托蓬庐，雅志无所营。

良时遘其愿，遂结欢爱情。

君子义是亲，恩好笃平生。

寡智自生灾，屡使众蚌成。

豫子匿梁侧，聂政变其形。

顾此怀怛惕，虑在苟自宁。

今当寄他域，严驾不得停。

本图终宴婉，今更不克并。

二子赠嘉诗，馥如幽兰馨。

恋土思所亲，能不气愤盈。

在"其一"中，嵇康肯定了二郭与自己相同，都属于不愿在官场趋炎附势的安贫乐道之士。彼此间情深谊长，本应一同逍遥于故乡。但是，由于自己不善于处理俗事，引起某些人的仇视。① 为了不受伤害,只得逃避他乡,临行前读到朋友真挚的诗文,回首故乡的热土和亲人,不禁感慨万端,略述平生之志。

其 二

昔蒙父兄祚,少得离负荷。

困疏遂成懒,寝迹北山阿。

但愿养性命,终己靡有他。

良辰不我期,当年值纷华。

坎壈趣世教,常恐婴网罗。

羲农邈以远,拊膺独咨嗟。

明戒贵尚用,渔父好扬波。

虽逸亦以难,非余心所嘉。

岂若翔区外,餐琼漱朝霞。

遗物弃鄙累,逍遥游太和。

结友集灵岳,弹琴登清歌。

有能从我者,古人何足多。

在"其二"中,嵇康诉说了他崇尚的理想人格和向往的生

① 据《三国志·魏书》卷二十一注引《魏氏春秋》:"大将军尝欲辟康,康既有绝世之言,又从子不善,避之河东,或云避世。"嵇康的"不良从子",史籍无考,恐怕是虚构。

活方式。少年时代自由的生活经历使他对人间轰轰烈烈
的事功不感兴趣,希望在平淡的生活中享受生命本身的
快乐。然而,却在风华正茂的青年时代误入了仕途,在危
机四伏的名利场上,提心吊胆地活着,不知哪一天会陷入
网罗。淳朴的远古社会已经一去不复返,在污泥浊水般
的现实中随波逐流,良心又不得安宁,所以一直在考虑新
的出路——彻底抛弃尘世的情累,隐居山林,服食养性,
过一种出世逍遥的生活。

其　三

详观凌世务,屯险多忧虞。

施报更相市,大道匿不舒。

夷路殖枳棘,心安将焉如。

权智相倾夺,名位不可居。

鸾凤避罻罗,远托昆仑墟。

庄周悼灵龟,越稷畏王舆。

至人存诸己,隐朴乐玄虚。

功名何足殉,乃欲列简书。

所好亮若兹,杨氏叹交衢。

去去从所志,敢谢道不俱。

在第三部分"其三"中,嵇康展示了自己下定决心选择出

世之路的内心思考过程：回顾自己的生活历程,有限的经验已无情地证明,这个社会不可救药。淳朴的大道在这里已不复存在,人际关系的交往,如同市场的买卖交易。在这布满陷阱、荆棘丛生的人世间,内心坦荡的君子是难以生存的,犹如美丽高贵的鸾凤,要想逃离人类布置的网罗,只得远飞昆仑仙山。庄子哀悼楚国被制成标本的灵龟,越国的王子拒绝登上王位而逃亡深山,原因在于悟道的"至人"明白生命自身的价值,决不为"名垂史册"而牺牲生命。俗话说,"歧路亡羊",不能蹉跎下去了。应走自己的路,按自己的本来愿望生活。

稽康是坦诚的,他在给郭氏兄弟的诗文中真实地表达了自己的思想。追求自由(逍遥)的人生,是他们人生哲学的目的,但是至少存在着三种精神"自由"可供选择:一是混迹官场,随波逐流;二是蛰居民间,和光同尘;三是隐遁山林,服食修炼。自正始年间到正元二年,稽康被迫从官场、民间一步步走上了山林之路。

山林之士,是对各种出世人物的泛称。既包括追求个性自由的服食养生的名士型隐士,也包括企图修炼成仙的方士型道士。汉魏之际,两者之间虽然有着某种区别,但是却有着不解之缘,往往很难清楚划分。也许真正的个性自由无法在人间实现,只能寄托于虚幻的神仙世界中,所以名士型的隐士往往热衷于养生方术并且具有神仙信仰。稽康也不例外。从他的本愿看,企慕的山林之士应当是名士型的隐士。他曾著《高士传》,为历史与传说中的 119 名"隐士"树碑立传,其中大多为名士型隐士,但也有古代传说中的神人广成子、襄城小童等。

魏晋之际遁迹山林的隐士中,多为修炼神仙术的道士,名士型的隐士已不多见,因为按照正宗的"名教即自然"的玄学理论,士大夫们已找到了在高官厚禄中获得精神自由的新出路。所以,稽康走向山林,实际上是走上了神仙道教之路。这种从理性向宗教的思想变化,虽然直接外因是社会政治条件,但是稽康思想内因中固有的宗教情感,也是不容忽视的。即使在稽康对社会前途充满希望的正始时期,其思想深层,一直深信超自然的神秘力量,视神仙为生命最高境界。

人类最宝贵的莫过于生命,而它又是那样的短暂易逝,为了使生命永恒不朽,于是人类创造出一个生命永恒的彼岸世界。这个彼岸世界在中世纪西方人那里叫"上帝",在阿拉伯人那里叫"真主",在古印度人那里叫"佛"。中国古代的精神彼岸比较复杂,一方面,也是主要方面,中国人清醒地看到人的肉体与精神都是必然灭亡的,但如果为社会作出突出贡献,就会永垂史册,为千秋万代所怀念,以至精神不朽,使有限的生命获得了永恒的意义。另一方面,中国古人也没有放弃生命不朽的可能性,创造了一个神仙世界,使肉体生命获得现世的不朽和永恒。所以,除极少数理性哲学家外,中国古代知识分子在理性与宗教、入世与出世的问题上两种倾向兼而有之,只是随每个人文化哲学和思想性格的差异而有所侧重,并随生活境遇和社会状况的变化而出现倾斜,我们的主人公嵇康正是如此。

与同时代的玄学名士相比,嵇康的宗教情感与艺术气质同样突出。他以艺术家丰富的想象力,将其在人间无法实现的梦想,寄托于无限美好的神仙世界。他留下的多首热情洋溢的诗篇,表现出对那个美好世界的无限憧憬:

> 遥望山上松,隆谷郁青葱。
>
> 自遇一何高,独立边无丛。
>
> 愿想游其下,蹊路绝不通。
>
> 王乔弃我去,乘云驾六龙。
>
> 飘飘戏玄圃,黄老路相逢。
>
> 授我自然道,旷若发童蒙。
>
> 采药钟山隅,服食改姿容。
>
> 蝉蜕弃秽累,结交家梧桐。
>
> 临觞奏九韶,雅歌何邕邕。
>
> 长与俗人别,谁能睹其踪。

（《嵇康集》卷一《游仙诗一首》）

思与王乔,乘云游八极。

凌厉五岳,忽行万亿。

授我神药,自生羽翼。

呼吸太和,练形易色。

歌以言之,思行游八极。

徘徊钟山,息驾于层城。

上荫华盖,下采若英。

受道王母,遂升紫庭。

逍遥天衢,千载长生。

歌以言之,徘徊于层城。

(《嵇康集》卷一《重作六言诗十首》)

在上述诗中,嵇康描述了一个神奇的神仙世界,在遥远的昆仑仙山,在紫烟祥云升起的地方,到处是奇峰幽谷、灵芝仙草、琼楼玉宇。那儿生活着鹤发童颜的神仙王子乔、赤松子,法力无边的西王母。嵇康渴望得到仙人指点,赐给他仙药,进行脱胎换骨的改造,生出神奇的翅膀,飞向昆仑山,永远自由、幸福、安详。

尽管嵇康对假想中的昆仑仙山作了如此美妙的艺术描写,但是离家后的他,并没有真正到那个实际上荒无一人的冰山雪峰去以身试法。理想是理想,现实是现实。

那么他的目的地是哪里呢？各种史书留下了不同的传说,有的说他去了与家乡河内郡相邻的河东郡①,有的说他追随道士孙登在离家不远的苏门山住了三年②,还有的说他与道士王烈同游于太行山,并去过河东郡的抱犊山。从各种迹象看,嵇康在离家后三年多时间里,并未定居一处,而是云游天下,多在家乡山阳县东北方向一百多里外的太行山南麓一带活动,与道士孙登、王烈等人关系密切。

孙登是魏晋之际具有传奇色彩的道士,类似道家哲学中的"真人""至人"一类人物。一说孙登为河内郡共县(今河南辉县)人③,一说不知何处人,嘉平年间忽然出现在共县的山林中,炯炯有神的目光引起了山民的注意。④总之,他长期在共县附近苏门山中过着文明世界以外的原始生活:住在土穴中,夏天自编草衣,冬天靠一丈多长的头发保暖。沉默寡言、性格温和,喜欢读《易经》,所弹之琴仅一根琴弦,却能奏出神奇的五音和声,使一代琴师嵇康为之叹服。孙登的大名不胫而走,传到司马昭的耳中。司马昭派阮籍前往苏门山观察虚实。阮籍

---

① 《三国志·魏书》卷二十一《王粲传》注引《魏氏春秋》。
② 《晋书》卷九十四《孙登传》。
③ 《晋书》卷九十四《孙登传》。
④ 《太平御览》五百七十九引《晋纪》。

欲与孙登共谈太古无为、三皇五帝以及养生之道,孙登均不予理睬,最后阮籍发出"清韵响亮"的长啸,孙登报之以"若鸾凤之音"的长啸,使阮籍大彻大悟,回去写了《大人先生传》,表达了自己悟道的思想飞跃。①

嵇康喜欢漫游山林采药,曾遇到过孙登。甘露元年离家后,一度到苏门山拜孙登为师,学习了三年。据说,孙登从不回答嵇康提出的问题,使嵇康十分遗憾,直到离别的前夕,孙登才以老庄处世哲学对嵇康的性格特点及未来命运作了如是评说:"生命犹如熊熊燃烧的火焰,火焰能发光。如不能发挥光的作用,火焰也就失去了存在的意义。一个人生来就有某种才能,如果不发挥才能的作用,人也就失去了存在的意义。发挥光的作用,必须有足够的干柴保持火焰不熄灭;发挥才能的作用,必须审时度势,选择正确的处世方法,使生命本身健康存在。你虽然有才气,但缺乏审时度势的能力,在当今世道,很难保全自己的生命。"孙登大概发现嵇康并不是一个真正的道家信徒,他的这番话,是以典型的道家生命哲学、处世哲学去开导嵇康,同时,也看到嵇康的文化性格决定了其无法改变的悲剧命运。

另一个与嵇康关系密切的道士是邯郸人王烈,字长

---

① 《世说新语·栖逸》、《三国志·魏书》卷二十一《王粲传》注引《魏氏春秋》。

休。这是一位传说中半人半仙的人物。他与嵇康交往时的年龄，一说三百三十八岁，一说二百余岁。他本是太学的高材生，精通儒家经典及诸子百家学说，后来遁入山林修道，成了服食养生的大师。嵇康十分信仰此术，故对王烈"甚重之，数数就学，共入太行山"。有一次，他与王烈在太行山中漫游，遇到神山开裂，在裂口深处一穴中见到了服食可长生不死的上药石髓，如融化的热蜡。王烈获取服用，如嚼糖饴，而送至嵇康手中，立刻化为坚硬的青石。另外，有一次两人到了河东郡的抱犊山中，王烈在一石室中见到神仙的"素书"，当他带嵇康前往石室取"素书"时，石室忽然不见了踪影。据这两件事，王烈私下断言：嵇康命中与神仙之道无更深的缘分。由嵇康"从河东还"的说法看，他与王烈同游河东郡抱犊山，也许是其返回家乡前最后的学道经历。[1]

嵇康没有成为一个遁世的道士，然而他毕竟向往并一度走上了山林之路，可见其思想深层，有着强烈的宗教情感。究竟嵇康哲学中的哪些要素与道教有着不解之缘呢？研究这个问题有着十分重要的意义。

当我们带着这个问题研究嵇康文集时则不难发现，作为一个崇尚理性思辨与逻辑证明的哲学家，他将无法

---

[1]　以上传说载于《太平御览》六百六十三引《道学传》。

证实的神仙信仰留在了诗歌的浪漫艺术描写中,仅对那些与神仙信仰密切相连的服食养生术以及命运之谜等问题作了正面论证,力图在经验基础上运用逻辑推理,为其信仰扫清外围障碍,或者说,运用理性方法证明非理性命题。现存《稽康集》中,有稽康与向秀关于"养生"的论战以及与阮侃关于"住宅吉凶"的论战的实录,可以帮助我们理解稽康思想的这个层面。虽然这些论战的时间极可能发生在正始时期,但为了便于说明稽康与道教结缘的思想渊源,故在本章以下二节中分别介绍。

二、养 生 之 辩

为了使有限易逝的生命得以延长乃至不朽,中国古人在长期的医学实践中形成了呼吸吐纳、房中服食等一整套具有中国特色的养生之术。由于古代养生方术与神仙方术有着不解之缘,具有明显的神秘主义色彩,在实践中容易流于迷信荒诞,加上一些术士利用它来欺惑百姓,往往引起一部分具有理性主义倾向的士大夫的反感和抵制。所以,在对待养生方术问题上,历来存在着支持与反对两种态度。在以理性主义为基本特征的魏晋玄学思潮中,同样存在着这种分歧。稽康与向秀关于养生的论战就是典型的一例。

向秀是嵇康始终不渝的朋友,无论形势多么险恶,一直在行动上追随而不动摇,是竹林之游坚持到最后的青年人。但是,在理论上,向秀却是一个有独立思考精神的思想家,亦可以称之为一代玄学大师。他的《庄子注》,在《庄》学史上具有划时代意义,开辟了从积极入世角度理解《庄子》的玄学新思路。继正始之音后,《庄》学取代了《老》学而成为魏晋玄学的最重要经典,而这一转折时期,向秀的"名教同于自然"与嵇康的"越名教而任自然",则分别开玄学两大流派之先河。例如对养生之道的论战,就展现了两人在生命价值问题上的不同倾向。近代学者卢弼因向秀与嵇康的友谊,认为向秀对嵇康养生论的诘难,是刺激嵇康发表更精彩的理论[1],并非基本观点的冲突。其实,两人的思想差异是相当明显的,各有不同的哲学背景。

嵇康与向秀关于养生的论战,以往返论文形式保留在《嵇康集》中。由嵇康《养生论》、向秀《难〈养生论〉》和嵇康《答〈难养生论〉》三篇文章组成。

首先,嵇康著《养生论》一文,阐述了他在这个问题上

---

① 《三国志·魏书》卷二十《王粲传》注引《魏氏春秋》卢弼集解:"与康论养生,辞难往复,盖欲发康高致也。"

的基本观点。大意如下：

在养生问题上，一直存在两种对立观点：一是认为通过学习养生术可以长生不死或成为神仙，二是认为人类寿命以一百二十岁为极限，古往今来未有超越此数者，所谓长生神仙之说，纯系虚构。这两种看法都是片面的，未得真谛。

常人虽然不能目睹神仙，但是历史文献多有确凿记载。从理论上推理，神仙也是应当存在的。所谓神仙，是怀胎时禀受特质元气，自然生成的生命形式，是人类后天努力学习与修炼所无法达到的。虽然神仙不可人为，但如果养生方法得当，却可以极大地延长生命，从几百岁到一千多岁。人们之所以不能如此高寿，是因为不懂正确的养生之道。

人类生命由精神与形体（肉体）两个方面构成，正确的养生之道应当同时予以调养，使精神与形体健康和谐。

首先，关于养神。在精神与肉体之间，精神的作用是决定性的。比如服用发汗药物未必一定出汗，而万分羞愧之时，会立刻汗流浃背；一日不餐会饥不择食，而曾子发丧悲哀，七天不饿；夜半静坐会瞌睡难忍，而心怀忧愁，通宵不眠；梳子理直鬒发，饮酒脸色变红，尚有一个过程，而壮士大怒，则立刻面红耳赤，怒发冲冠。可见精神因素是何等重要！精神活动一旦陷入紊乱，形体的生理机能必然失去平衡，犹如昏君执政国家必乱一样。

精神修养至关重要，必须从小处做起。连年大旱，浇过一次水的庄稼，虽然也不免旱死，但必然迟后枯萎。可见，灌溉一次的作用也不容抹杀。世人往往认为偶尔一次愤怒或一次悲伤不足以损害身心健康，因而掉以轻心，犹如忽视浇水一次的作用却期望久旱的禾苗大获丰收一样荒谬。聪明人明白一次纵欲的危害，所以注重修养心性，使精神平和。

再者，关于养身。呼吸吐纳和服用营养药物，可以强健体魄。在众多的健身之术中，服食上等营养药物最为重要，而一般人受常识局限却难以理解。例如通常耕作方法，一亩可收十余斛粮食，而采用先进的"区种法"技术①，一亩可收百余斛。又如同一品种果树，种植和护养方法不同，收获悬殊甚大。人们通常所说的"商无百倍之利，农无百斛之望"，是受常识的局限。在服食养生问题上亦然。人们相信粮食蔬菜瓜果等食品的营养作用，却怀疑上等药物的神奇功能。众所周知，特定食物会对人体产生特殊作用。例如多食大豆身体会发胖，多食榆叶眼睛昏花。合欢树使人消除忿怒，萱草使人忘掉忧愁，葱蒜辛辣伤害眼睛，河豚有毒伤害性命，居高山地区颈部粗

---

① 区种法是两汉时发明的一种园艺式耕作技术，把土地划成许多小区，集中使用水肥，精耕细作，可提高单位面积产量。

肿,居晋国牙齿变黄。① 上述现象之所以发生是因为食物含气不同,在人体中必将发挥不同作用,将它们的性质(气质)转化到人体中,改变人体素质。食品既然可以影响和改变人的生理素质,可以使人牙齿变黄,为什么药物不能改变人的素质,使人延年益寿呢?《神农本草》指出了服药对养生的重要意义:"上等药物可以延长生命,中等药物可以使身体健康。"

普通人因循守旧,沉溺于美味声色所带来的肉体感官快乐之中,却不知它们对生命的危害:美味煎烧其五脏六腑,美酒煮熬其肠胃,香气腐蚀其骨髓,喜怒悖乱其正气,思虑伤其精神,哀乐坏其平衡……如此众多的伤害从四面八方进攻如此脆弱的身躯,使之内外受敌。血肉之躯,无金石之固,能支撑多久呢?

纵欲过甚者,饮食不节,性生活放纵,于是各种疾病纷至沓来,使生命夭折。因此,一般人也承认纵欲对健康的危害,但对潜在的损害健康之行为,却视之不见。不懂积劳成疾的道理,将人类几十年就从健壮迅速衰老死亡的过程视为生命的自然寿限,往往疾病发作后才后悔,而不知应防患于未然。例如,扁鹊向貌似健康的蔡桓

---

① 高山地区缺碘,出现弥漫性甲状腺肿大,俗称"大脖子病"。晋国指山西省,水质缺氟,使牙齿变黄。

公指出其已患疾病时,竟被蔡桓公指责为故弄玄虚,直到病入膏肓时才相信,但已经是不可救药了。这说明健康的损害与疾病的萌生,是一个长期的难以察觉的过程。

对待养生之术,人们常有以下几种错误态度:其一,在有限的视野中,未见养生极寿者,于是以为几十年间生老病死是不可抗拒的生命规律,视养生术为虚妄。其二,虽相信养生的意义,并希望学习养生术,但因不知从何做起而犹豫不决,没有付诸行动。其三,实践养生术,并勉强服药,一年半载后未见效果,便失去兴趣,半途而废。究其原因,或保养少而损伤多,入不敷出;或压抑着欲望去学习养生之术,面对眼前声色美味的诱惑和几十年后才能验证的长寿之果,担心鸡飞蛋打两落空,思想矛盾激烈,得不偿失。养生之道,非急功近利之事,其效益在短期内难以觉察,犹如樟树生长七年才可见其变化。操之过急,会欲速而不达。总之,在学习养生的过程中,有人因成功遥远而放弃,有人因三心二意而荒废,有人因方法片面而无效,有人因误入邪道而自损,最终都以失败而告终。

养生的要义在于精神与形体的和谐。首先是健康的精神生活。清心寡欲,心胸坦荡。知道功名利禄有损德性,故淡漠处之,并非自我克制;明白美味声色伤害身心,故坚决弃之,并非自我压抑。总之,不为外物所惑,不为情欲所累。

彻底摈弃了各种不健康的心理活动,使精神生活处于平静、中和的状态,与宇宙大道融为一体。然后,再服食灵芝,饮用甘泉,沐浴朝阳,弹拨五弦,于是精神与形体都达到了自然无为的玄妙境界。益寿延年,近似神仙。

向秀著《难〈养生论〉》一文,对嵇康《养生论》的观点进行了诘难。大意如下:

节制喜怒哀乐,注意起居饮食,是自古以来的养生传统,毋庸置疑,但是对于不食五谷、摈弃美味、抑制欲望、不求富贵的高论,却不敢苟同。

人类是天地间生物中最有灵性者,与其他动植物相比,有着根本的不同。草木类植物无法逃避风雨的袭击以及人的砍伐;鸟兽类动物不知远离罗网陷阱,不懂如何应付严寒酷暑。人类的特点首先在于能够运用智慧,能动地改造自然,使之适合自己生存。如果人类去掉了智慧,那么人类与其他生物的区别何在呢?显然,智慧是人类的根本价值所在。再者,欲望是生命的本能,如果摈弃欲望,那么就与无生命的事物相同,生命的珍贵之处何在呢?

好高骛远、好逸恶劳、好荣恶辱,是人类生来具有的自然本性。圣人说:"天地的巨大功德在于生成万物,圣人的重要珍宝乃是居于高位。"又说:"最崇高的事物是富豪与尊贵。"由此可见,追求富贵是天下正道。地位尊贵,人们才会顺从,理想政治才能得以推行;财物丰富,能满足人们的欲望,才能产生凝聚力。因此,古代圣王十分重视富贵的作用。圣人又说:"追求富贵虽是人类的正常欲望,但应当以正道获得,不得为此损害正义。"处于高位而能谦逊待人,腰缠万贯而能节制聚敛,这种高贵也就无损于道德。如果因为看到富贵引起的罪过就全盘否定其功德,则像因噎废食、终身不餐一样迂腐。

神农首先倡导食用五谷杂粮,后稷推广农业种植。谷物使鸟兽得以飞翔奔跑,人民得以呼吸视听,圣人得以深谋远虑,贤士得以建立功德。因此,历代圣贤都十分重视谷物的营养价值,从古至今,一直作为生民的主食。如果五谷杂粮、美酒佳肴不利于身体健康,那么,圣典中关于美酒与肉汤延年益寿的记载①,岂不是虚妄之言?祭祀神灵时,用肥美的牲畜和芬芳的谷物,可见神灵也重视这些祭品。毫无疑问,美酒佳肴有益健康,符合人类的生理需要。

___

① 向秀《难〈养生论〉》:"则'亦有和羹','黄耇无疆','为此春酒,以介眉寿'。"语出《诗经》之《商颂·烈祖》。

人类禀五行之气而成，所以天生喜欢品尝五味、欣赏五色①，并充满了欲望。性欲萌发思求房事，饥肠辘辘思求饮食，合情合理，属自然本能，但是要以礼教加以节制，防止纵欲倾向。面对艳丽五色而不想注视、美味佳肴而不欲品尝的养生方法，只能是理论上的假设，在实践中，谁会将香花芍药看作苦菜杂草，将美人西施视为丑女嫫母，以至失去占有欲呢？心中欲火燃烧，而人为地加以阻塞，心情必然郁闷不畅，以此调养和气，闻所未闻。

如果养生得法，真能将寿命延长到几百岁以至千余岁吗？如果此说可信，应当有如此长寿者，但是此人何在呢？谁也没有见到过，大概是捕风捉影。即使有长寿者，可能也是受胎时禀受元气的质量不同，就像松柏长青，非保养所致。如果生命长短取决于生存技巧，那么，圣人最通生命之理，理应长寿，而尧、舜、禹、汤、文、武、周公、孔子，长命者百岁，短命者七十岁。这难道是忽视养生术所致吗？可见，寿命自有定数，非人力所能增加。

人生之乐趣，在于满足爱欲。国色天香，使人心花怒放；荣华富贵，使人心满意足。这是天经地义的，人类无法超越、古代圣王也无法改变的人性法则。如果背离这

---

① 古人认为，生物与五味、五色都是五行之气所生，同气相求，故人类追求五味、五色。

些法则去学抑制情欲的养生术,只会远离亲朋好友,失去一切欢乐而默默忍受精神痛苦。以此希冀长寿,犹如积累尘埃、露水期望化为高山大海那样不切实际,劳而无功。即使有所收益也得不偿失:孑然一身,索然无味地活着,如行尸走肉,等于无病找病、无忧找忧、无丧素食、无罪监禁一样,这种长寿有什么意义呢? 司马相如说得好:违背自然本性活着,即使万寿无疆也不值得高兴。怎能以短暂而宝贵的生命作此种毫无乐趣的人生实验呢!

针对向秀的文章,嵇康著《答〈难养生论〉》,予以回击。在这篇长文中,嵇康首先批判了向秀的关于人类情欲合理性这一主要论点,然后针对向秀诘难的各个问题,一一予以回答,展示了自己生命哲学的观点。大意如下:

第一,关于智慧与欲望

为了自身的生存,人类必须有相应的智慧与欲望。但是,过多的智慧将产生种种人为的预见,使自己的真性丧失;过强的欲望将被外物所惑,易犯错误。两者如运用不当,足以危及人类自身的生命。它们虽是人生来具有的东西,但并非优良品质,就像木材生蛀虫,虽是木材所生,但对木材无益。蛀虫繁多木材朽烂,欲望滋盛则生命力枯竭。欲望与生命难以长久并存,世人至今不觉悟,以为从欲有益健康。虽有长生的愿望,却不知道长生的途径,因而迅速走向死亡。古人深知醇酒美色是甘甜的毒药,功名地位是芳香的诱饵,故弃之如废物而不顾。聪明智慧及外在活动仅仅以满足自身生存的真正需要为限,决不见异思迁,追逐额外的物质"享受"。养生之道的要点,是与外物处于和谐状态而非对立竞争。忽视淡泊平静的精神生活,等于轻视自己的性命。

第二,关于财富与尊贵的含义

圣人之所以宣布崇尚地位与财富是有特定原因的,是针对君主贵为天子、富有天下而言:天下的财富不可没有主宰者,主宰者不可没有尊位,于是,圣人为天下人民的利益尊崇君位,不是为了某一个人而重视富贵。至于所谓"追求富贵是人类本能欲望"的说法,是圣人针对没落时代嫌贫爱富的社会风气而言:没落时代的不良风尚难以彻底纠正,只能顺应其规律,予以疏导。例如,无法强令人们不互相竞争,只得承认竞争意识的相对合理性,就像孔子知人类难以推行中庸之道,只得承认激进与保守两种极端倾向存在的合理性一样,是圣人的权变之说,并不意味着道德纯粹的圣人也贪图富贵。圣人不得已而治理天下,行自然无为之道:虽然身居皇位,接受万国朝贡,却像普通书生会见朋友一样怡然自得;虽然仪仗盛大,身着豪华帝王服饰,却如同布衣在身。所以君臣之间忘掉了等级差异而和谐相处,人民过着自足美满的生活。圣人对富贵的态度,并非视聚敛天下财富为富裕,以强迫人民敬畏自己为尊贵。子文三次出任高官不喜,柳下惠三次罢官撤职不忧,因为高升撤职都不会增减内在纯粹的道德之美,所以不为世俗的荣华富贵所动。

为什么人们不肯将华贵的衣裳陈置于暗室中呢？是为了引起他人的注意、评论、欲求而获心理满足。然而,欲求者因为没到手而思虑忧愁,拥有者则因为害怕失去而提心吊胆。为了利益的得失,人们会不择手段去达到目的。在这种情况下,尊贵者怎能不骄横,豪富者怎能不聚敛无度,追求者怎能不丧失人格,拥有的东西又怎能不丧失？

君子发表的精辟思想言论,具有强大的感染力,以至千里之外的人也会闻风响应。这本身已是最大的尊贵,难道还需要特意追求吗？君子遵循客观法则,远离人世网罗,自由自在,恬淡愉悦,安神养气,与宇宙大道为一体,不需要世俗的荣华富贵;自食其力,衣食温饱,如同拥有天下财富,无须聚敛财宝。犹如渴者饮河水,喝足为乐,不眼馋滔滔洪流。总之,君子视功名地位如累赘,视金银财宝如垃圾。

人间最难得的东西，不是财产地位，而是自我满足。知足者虽辛苦耕耘，穿麻布吃粗粮，却精神愉快；不知足者虽富有天下财物，仍郁郁不乐。因为知足者无需身外之物，不知足者身外之物无所不需；无需身外之物会永远感到富有，无所不需则永远感到贫乏。对一个自足者来说，荣华富贵不能使其得意忘形以至随心所欲，穷困冷落不能使其变节媚俗以至哗众取宠。超越世俗的荣辱毁誉，按自己的本性自然而然地生活，这才是真正的富贵。忽视这种真正的尊贵而刻意追求世俗的尊贵，将永远感到卑贱；忽视这种真正的富有而刻意追求世俗的富有，将永远感到贫困。道理很明显：既然居荣华富贵而永远忧心忡忡，一生都在忧愁中度过，那么实际上一生都处于穷困潦倒之中。老子说，"乐莫大于无忧，富莫大于知足"，信哉斯言。

第三，食欲与性欲的合理性

性欲萌发思求房事，饥肠辘辘思求饮食，是人类的自然本能，无法禁止，也无须禁止，只须正确引导，使之与生理需求一致。不加思索而产生的欲望，发自人的本能冲动；思考后产生的欲望，属于智慧之心的作用。本能冲动驱使下的行动，以生理需要满足而中止；智慧之心作用下的追求，则永无休止。人类的灾难性弊病，不在于本能冲动,而在于智慧之心。假设盲人做爱,对美人西施和丑女嫫母同样热情;饥饿者进食,糟糠与精粮同为美味……君子明白,智慧驱使下无节制膨胀的欲望将危及生命本身,所以将智慧活动仅仅用于身心舒适和谐,用理智抑制不正当的欲望。这一点并不难做到。比如欲升官者不敢谋求皇位,欲做爱者不打亲戚的主意;嗜酒者不喝鸩酒(毒酒),饥饿者不食臭肉。因为知道其中利害,所以弃之不顾,足见理智的控制力。按理智行事,符合自身规律,不会感到压抑,只会感到自由和谐。

普通人看问题,往往忽视长远利益而关心眼前利益,这是因为利害的直接与间接所致。服丧的三年内禁止性生活,由于利害直接,人们对此多能遵守。酒色是生命的大敌,由于利害间接,人们难以放弃。俗话说,给人以控制天下的权力,但需以自杀为代价,最愚蠢的人也不会答应。原因很简单:控制天下的权力,轻于自身的生命。酒色无疑轻于天下权力,当然更轻于生命了。但是,人们却看不到这一点,往往因酒色过度而断送生命,这是犯了短视错误。真正的智者就在于能够正确处理长远利益与眼前利益的关系。从大处着眼,从小处着手,防微杜渐。

第四,圣人不长寿的原因

与凡人相同,圣人同样需要养生而以享天年。圣人之所以不能极寿,是为天下苍生思虑过度所致。孔子如此劳心,活了七十多岁;农夫无所用心,有的活到一百二十岁。如果以孔子的禀赋,像农夫那样无所用心地生活,寿命达千岁,也不足为怪。然而,圣人为了人民利益大都选择了自我牺牲的人生道路。例如,舜为改良社会风气而三次迁都;禹为治水而辛苦操劳;商汤、周文王、周武王为推翻黑暗王朝而用尽计谋,以至发动战争夺取政权;孔子通过道德表率与理论学说改造社会,同时又培养了三千弟子,讲经布道,苦其心志,永远生活在救世的极端紧张的精神生活中,刹那之间,其思想也许已神游于天地之外了。以上圣人的作为与那种精气内藏、闭目养神、心境淡泊的生活方式大相径庭,因而难以高寿。生命取决于保养条件,松柏虽然材质与榆树柳树不同,但是松柏的寿命仍受制于生存环境。在劣质土壤中早早凋零,在高山之巅则欣欣向荣。野生的蚕可存活30天,而温室中的蚕却只能活18天,这说明温度对蚕寿命有影响。养尊处优的马长命,而辛勤劳作的马早亡,这是由于过度消耗所致。盲琴师窦公,天然内视,精气不再随目光外泄,所以不习养生术,也活了180岁。富人容易夭折,是因伤害生命的物质享受太多;穷乡僻壤的农夫多长寿,是因损害健康的物质享受极少。由此可见,生活方式对生命寿夭具有不可忽视的意义。首先应当清心寡欲,远离有损生命健康的事物,才可入养生之道。

第五,五谷与上药的优劣

关于神农氏首先倡导食用五谷的说法,是否有历史依据,暂不考辨,仅就五谷与上药营养价值的优劣展开讨论。神农氏对五谷与上药都是倡导食用的。上药稀少难得,五谷容易种植收获,可解决百姓生计问题,两者都有存在意义,就像人类有高明的圣贤,又有大量平庸的常人那样。廉价的止痛药当归与五谷杂粮也是不可缺少的,但不能因此而蔑视上等药物的巨大营养价值。地上的红枣板栗、水中的菱角芡实之类,虽然不是上药,对身体的保养作用,仍优于粮食。上等药品的作用,更是不可忽视的。

以谷物祭神为例,证明神灵重视五谷的营养价值,未为妥当。野草浊水,并非佳肴美酒,同样用来降神。这说明神灵重视的是人的诚心,以及道德与信义,而不是祭品营养价值的高低,犹如古代各地向天子上贡地方特产,意在表达忠诚。

以人类不能十日不食饭菜为例,证明它们对健康的决定意义,也是片面的。在此,暂且不讨论一般饭菜无益身体健康,仅就其营养性能劣于上药发表看法:众所周知,稻米营养优于小麦,假设某地区无稻谷,必然以小麦为最佳食粮,认为没有其他作物可以超过它。人们不懂上药养生优于稻谷,就像看到小麦优于野菜而摈弃稻谷一样浅陋。至于美酒益寿的说法,更为荒谬,谁见过长命百岁的酒徒?

谷物并非有益人类的健康。丰年多病人,饥年少疾患;北方狄人食米生癞疮,创伤者食谷则伤口开裂出血;马吃谷物蹄重不能奔驰,大雁吃粟米翅重不能奋飞。由此可见,鸟兽与人类都不宜食用五谷杂粮。这些食物,品尝香甜,而一旦进入身体内则变为腐臭之物,侵蚀筋骨血肉,污染五脏六腑,损害精神。食物产生的秽浊之气,在体内滋生疾病,使贪食者百病交加、短命夭折。人们不知其中危害,竭力种植,养育亲人,敬献尊者,并且以之酿造美酒,举办宴会,款待贵客,更是愚不可及。

真正养生之物是甘泉上药。琼花玉英、金丹仙草、紫芝黄精等,都是内含淳和元气的上等养药,散发着纯正的香气,可使五脏六腑清洁,精神开朗,形体轻盈,大大增强人的生命活力。久而久之,将置换改变人体禀气,使生理素质发生质的变化,向仙人迈进。这种功能是五谷杂粮所不具备的。

服食上药改变体质是完全可能的。自然界中,物种变异现象屡见不鲜。例如,细腰蜂不生育,窃取桑虫幼子哺育,结果桑虫幼子长大后变成了细腰蜂。江南橘树,过江后因土质气候不同而变成了枳树。这说明,不同的营养物质可以改变生物性质,故上药改变人的素质毋庸置疑。赤斧仙人服食丹药而毛发变红,涓子仙人服用术精而益寿延年,偓佺仙人服用松实而眼睛变方,赤松仙人服用水晶而乘云驾雾,务光仙人服用蒲韭而变为长耳,邛疏仙人服用石髓而长生不老,方回仙人服用云母而变化多端,昌容仙人服用蓬蘽而青春永驻。这类事例,不胜枚举,怎能断言五谷杂粮养生最佳而上药无益呢?

第六,寿命是否可达千岁

未见千岁之人而认定没有如此长寿者,如坐井观天。试问,如果见到千岁之人,怎样与普通人区别?从外形观察,千岁人与常人并无两样;以生活经历观察,普通人短暂的生命更无法验证生活中的千岁人,就像朝生暮死的菌类不知有"月"这一时间计量单位,水中浮游生物无法理解灵龟的寿命一样。千岁之人真正出现于闹市人群中,人们也是决不会识别的。对于彭祖七百岁、安期千岁的历史记载,持偏见者认为是著书者凭空杜撰。刘根长期睡眠不进饭食,被说成是具有忍受饥饿之特异功能。王仲都严冬裸体不冷、酷夏穿皮衣不热,被解释为具有天然抵御寒暑的体质。李少君能识别几百年前齐桓公时代的器物,阮种却认为,李少君并非长寿至今的春秋时代人,而是靠占卜测知器物年代。尧禅让天下给隐士许由,是无可争议的历史事实,而汉朝扬雄却认为这是好大喜功者编造的不实之词。上述偏见产生的原因,在于人们上以周公孔子的所谓理性言行作为千古不变的教条,下受自身经验的局限和功名欲望的控制,思想不敢越禁区一步,阉割了自己的首创精神,尽量与多数意见雷同。面对奇异现象视而不见,不敢讨论玄妙的道理,以至无法深入研究超越常理的深奥规律。

第七,纵情享乐是否为天理自然,无欲淡泊是否为自讨苦吃

纵情享乐并不是天理自然,而是受外物的奴役,违背了生命的自然规律。例如口渴想喝水是人的自然本能,而口渴想喝酒则是酒徒的病态。如果将纵欲视为人性本能,那么口渴喝酒不再是病态,淫欲无度不再是过失。暴君桀和大盗跖的行为也是人性本能?也是天理自然吗?

所谓天理,指深奥的宇宙规律,它虽然微妙不可目见,但是人们却可以从自身体悟,用社会的整体经验证明。纵欲享乐是否为人性规律的问题,可以从人类欲望发展变化中解决。一个人从少年、青年、中年到老年不断变化,少年时代的兴趣,成年后也许会消失;开始忽视的问题,最后可能十分重视。然而当处于人生某个特定阶段中，往往误认为自己的某种欲望是永恒的。怎能保证今天醉心之物，将来不厌恶？过去轻视之物，将来不倾心呢？奴仆突然高升为大臣丞相，对门卫不会像昔日那样敬畏。饥饿之时，对食物充满了欲望；饱胀之时，会漠然待之。蟒蛇在南方是上等美味，中原地区则厌恶不已。锦绣礼服在华夏大受青睐，到裸国则弃之不用。由此可见，人们的欲望快感是随时空不同而变化的，因而是有限易逝的，不具有永恒的意义。

人类永恒的美好真情是中和平淡的心境。享受过恬淡无味的大滋味，就不再留恋世俗的酒肉美味；体验过中和之美的大快乐，则对世俗的富贵享乐不屑一顾。生命境界低下者，才会愚蠢地以自减阳寿为代价，纵欲追逐世俗的享乐，犹如李斯、主父偃为强烈的功名富贵欲望驱使，最终葬身宫廷倾轧一样盲目可悲。习惯于咸鱼市场的臭味，闻不得香草的芬芳；习惯于水中觅食的海鸟，面对丰盛的宴席忧愁而死；习惯于淫荡音乐的魏文侯，听到圣王雅乐就昏昏欲睡；习惯于世俗荣华富贵的司马相如之流，认为在清静淡泊的生活中长命万年也无快乐可言。

普通人没有自足自乐的内在精神生活，故要借助外物来满足自己。真正的极乐，并不是外在可见的欣喜若狂，而是超越了得失，不为外物所累，恬然自得的淡泊心境。比如父母生重病，忽然转好，儿女由忧愁转为喜悦，而这种喜悦不如从来没有喜悦更接近真正的快乐。可见最大的快乐是无快乐。虚静恬淡、寂寞无为,顺应万物之自然,阴阳二气之变化,生命永恒如天长地久,这才是真正的大快乐。

最后,关于养生之道的要点

在逐一驳斥了向秀《难〈养生论〉》的各项诘难之后,稽康总结了自己养生论的基本观点。他首先提出,养生的难点有五个:名利之心、喜怒情感、声色欲望、美味嗜好和精神焦虑。其中的核心问题是不正当的欲望。如果不解决这个问题,学习任何高明的养生方法都毫无意义。这是步入养生之道的第一步。再者,仅仅去掉五种弊端,而不习养生术,也不会自然而然地长寿,只能活到民间一般长寿者的年限。最后,养生术的学习要全面,切忌偏于一种方术。清心寡欲、辟谷服食、呼吸吐纳、还精内视、凝神守一等方法,要有机地结合在一起,就像车辕、车轴、车轮、车辖等各种部件共同构成一完整的大车那样,缺一不可。各种养生术的全面研习,才能使人走上延年益寿的康庄大道。

《养生论》与《答〈难养生论〉》在稽康的论著中具有重要地位。它们比较集中地反映了稽康的玄学思想特质。

对名教与自然、内圣与外王、儒与道、本性与情欲等等一系列重大的时代课题,嵇康都作出了与其他玄学家基本相同的回答。然而,与正统玄学家热衷于政治功利,追求超越生命的社会理想的倾向相比,嵇康更注重个体生命本身的价值意义,具有更多的宗教情感。即使在正始之音的有为时代,嵇康哲学的这一特质也是相当明显的。除养生问题外,对住宅吉凶(风水问题)的探讨,同样表现出这种倾向,这是下面一节所要介绍的内容。

三、住宅与命运之辩

命运之谜是人类最感困惑的难题。当人们不断被各种偶然因素交织成的必然力量推向无法确知的未来时,不得不怀着恐惧或期待的心情追问这个永恒的主题。古今中外的哲学与宗教都无法回避它:或以理性的哲学推理,或以神秘的宗教启示,对个人和社会命运作出终极解答。

受儒道哲学的影响,中国士大夫在命运问题上是理性的,即使讲天命,也最后落脚于人类道德行为的决定意义。但是,理性并非能圆满地解释命运现象。善人穷困潦倒,恶人却荣华富贵,是否有神秘的宇宙意志左右人类命运,并没有在儒道哲学中得到终极解答,只是被不置可否地绕开。然而,这是无法回避的。命运的神秘感作为一种潜在的宗教因素隐伏在士人的心灵中。当社会充满希望时,它隐而不见;当社会失去希望时,则迅速发展。当个人生活平静时,它隐而不见,当厄运降临时,则忽然凸显。它犹如人体内的致命病菌,身体健康时并不发病,而当身体免疫力降低时,则滋生蔓延。

与士大夫的理性哲学不同,广大民众在命运问题上,往往以非理性的神秘主义为主流。他们相信有一个神灵的世界在冥冥中决定人的生死寿夭、吉凶祸福。为了摆脱人生的苦厄,掌握自己的命运,他们创造出各种预测方法,如占卜术、相术、风角、阴阳宅、巫术和神灵祭祀去预知未来,消灾获福。这些方法,被称为方术,与官方意识形态相比,往往作为异端思想出现,受到政府的抑制,但是禁而不止,并且不断向士大夫阶层渗透。当它获得系统的理论解释之后,就变为宗教形式出现。当天下太平,社会充满希望时,民间方术与宗教信仰的影响减弱;而当政治黑暗,社会失去希望时,民间方术与宗教信仰则迅速发展,有时会引起巨大的社会震荡。

自东汉中叶以来,随着社会政治的每况愈下,人们对社会的前途失去了信心,觉得自己命运已无法靠人力去把握,于是,民间方术与宗教信仰迅速发展起来,最终形成早期道教运动,爆发了埋葬东汉王朝的太平道起义。新兴的曹魏政权为了防止道教死灰复燃,对民间方术采取了严厉镇压措施,但仍禁而不止,到魏晋之际,再度呈现发展趋势。面对迅速增长的宗教情绪,自汉末社会批判思潮、曹魏名法到魏晋玄学,都高举着儒道理性哲学的旗帜,对宗教迷信采取了批判态度,力图以传统的理性主义来解释命运。从王充、王符的骨相说,刘邵的才性论到王弼、郭象的性命自然论,均可视为中国理性命运观合乎逻辑的继续和发展。

作为两种思想流派,理性思辨的哲学与神秘的宗教信仰不可同日而语;但作为思想因素,在中国古代,两者并非泾渭分明,往往并存于一个流派中。哲学家涉及宇宙人生的终极问题,难免陷入神秘主义的命定论,而宗教理论也离不开经验证明与理性推理。即使在同一学术流派中,因哲学家思想性格的差异,也存在着不同侧重。魏晋玄学也不例外。嵇康与阮侃关于住宅是否有吉凶祸福的辩论,就是玄学思潮内部关于命运问题的一次思想交锋。阮侃以理性哲学家形象出现,嵇康则表现出较强的神秘主义倾向。

阮侃,字德如,是卫尉卿阮共的小儿子,其妹是位奇丑的才女,因新婚之夜以智慧征服了欲逃婚的丈夫许允而闻名于世。妹夫许允是正始名士的同情者,因参与夏侯玄、李丰的未遂政变而被杀。此事没有株连其妻子,也没有影响阮德如的仕途。若干年后,阮德如官至河内太守。[1] 青少年时代的阮德如是稽康最好的名士朋友之一,从稽康与他某次分别时互赠的诗文中,可以看到两人交情之深笃,属于吕安、向秀、阮籍之类的"神交"者。稽康喜欢与思想水平相当的知音展开思想交锋,他与阮德如关于住宅与命运的论战,就是其中之一。《稽康集》中收录的稽康与阮德如各自两篇往返诘难的文章,便是这场论战的历史实录。

首先,由阮德如著《宅无吉凶摄生论》一文,对当时流行的各种预测吉凶祸福的迷信方术进行了批判,焦点是住宅风水能否决定人的寿夭贵贱。大意如下:

欲求健康长寿,应当先搞清疾病产生的原因,防患于未然,否则将永远达不到目的。然而,人们不从生命本身的调养入手,反而从毫不相关的住宅、墓地之风水去探求,无异于缘木求鱼。生活常识已经证明:疾走受风会起皮疹,久居湿处易患偏瘫,房事无度元气大衰。健康长寿之道在于清心寡欲,心气平和,顺应生理自然。如果放

---

[1] 《世说新语·贤媛》注引《陈留志名》介绍阮侃:"与稽康为友,仕至河内太守。"《宋书》卷二十九《符瑞志下》:"晋武帝太康三年六月丁卯,白雀二见河内南阳,太守阮偘(侃)获以献。"

弃身心的调养,而妄求于那些与生命毫无联系的土木建筑工程,必然毫无结果。这些歪门邪道产生的原因,在于愚昧无知,不能正确揭示生命健康的内在规律,陷入迷信妄想。例如有位养蚕者,开始不知桑蚕的生长规律,于是误将蚕丝产量的多少归结为冥冥中的神秘力量,在饲养过程中人为设置了许多避灾的忌讳。结果是忌讳越来越多,而蚕丝的产量越来越少,使其手足无措。后来经蚕师指点,懂得了用火炕调节蚕室的冷热燥湿,去掉了众多忌讳,而蚕丝产量大增。长生之道犹如养蚕之道,关键在于真正了解其规律。腹满消化不良,不去服大黄药丸,而请巫祝施法术或向西域胡人乞丐求平安,会遭到世人耻笑,是因为人人皆知,医药足以使之痊愈;将要遭到匪徒袭击时,最好的保命方法,莫过于迅速逃离现场,而不会妄求神灵,因为人们懂得躲避是最佳方法。显而易见,明白了事物的规律,就会理性从事;不了解事物的规律,就会陷入迷信盲从。各种方术之所以有市场,在于人们对生命规律无知。

　　住宅是否影响居住者的寿命呢? 众所周知,让一愚民搬进宰相的府邸,他决不会因此而高升为宰相。可见,贵贱与住宅无关。生命的寿夭比贵贱更难控制;住宅既然不能影响贵贱,当然更不能影响寿夭了。夭折的殇子不会因为居百年"寿宫"而长寿,八百岁的彭祖也不会因为盖房不合"天时"而短命。因为生命自有期限,不可人为妄求。如果说愚民没有福气久住三公住宅同样短命卑贱,那么正好说明了人生的寿夭贵贱,非人力所能为之。孔子在生死问题上采取了顺其自然的态度,乐天知命,因为命中自有定数,真正的知命者不会像俗人那样心怀非分之想。周亚夫先封侯后饿死,英布先受刑后封王;彭祖长命七百岁,殇子幼年夭折,都是命中注定,见于相貌体征,不可改变。

修建住宅的方术,大都是荒诞不经的。例如盖房选择吉利日期,以及祈祷驱邪,古代圣王并无此术,末世昏君深信不疑。然而住进如法炮制的"寿宫",却早早夭折;祈祷多生男孩,却无人继承王位。原因何在呢?高墙深宫,隔绝天地正气;酒色无度,侵蚀脏腑肌骨。忽视养生真道而追求虚妄的相宅方术,只能事与愿违。有人说,可能是相宅的术士技艺不高。既然连皇帝都找不到高明的术士,可见天下根本没有高明的术士。同养于一栏的鸡群或羊群,有宾客光临举办宴会,既有被宰杀者,又有存活者,难道是这些鸡羊的居住条件不同吗?修建住宅观察地脉方位的风水之术,也是同样荒谬的。孔子登上东山视鲁国为小,登上泰山视天下为小。从高处俯瞰,常识中的东西南北、高低起伏等地理差异都是相对的。人们心胸偏狭,视野局限,不知大地无边无际,制造了关于地形的方位风水之说。《周易》讲,天地之道的精神就是简易。君子应胸怀坦荡,行简易自然之道。

一般情况下,术士对旧宅吉凶的观测往往应验,而指导修建新宅则往往不灵。人们看到术士占测旧宅可知吉凶,于是企图如法炮制建造新宅。这种做法,犹如看到船在水中行驶迅速,便企图制造陆地行驶的船一样荒唐。新旧住宅与命运的关系,类似占卜的原理:烧灼龟甲观裂纹、揲算蓍草观卦象,可以测知吉凶,但是龟甲蓍草仅仅表达了未来命运的征兆,不能制造吉凶。人为地画出某个吉利的卦象,日后不可能因此顺利;按吉宅规则修建新宅,日后不可能因此得福。

目前,除住宅观测术外,民间还流行着多种迷信忌讳:播种谷物、剪裁衣服,都要选择吉日。结果制衣不及时而伤寒,播种不及时而歉收。气候变冷则制衣,时雨降后则播种,匪徒袭击则逃离,这些均是生存常识。违背客观规律,迷信虚妄方术,必然失败。凡是企图以神秘方术致富者,大都陷入贫困。许多号称占卜大师的人,却衣衫褴褛,无法改变自己的处境,成为世人笑柄。民间流传这样一句谚语,"知星宿,衣不覆",是对术士的绝妙讽刺。

针对阮德如的论文,嵇康著《难宅无吉凶摄生论》予以反驳。他指出,对冥冥中左右人类命运的神秘力量,谁也说不清楚,连圣人都不谈神怪之事,何况一般人呢! 阮侃断然否定住宅存在吉凶,结论过于主观片面。术士运用阴阳五行研究住宅的建筑方位,并非准确无误,这并不奇怪,政治法律制度都会出现疏漏,探讨冥冥中深奥难明之理,失误是难免的。仅仅枚举农夫养蚕、播种因迷信而失误的几个事例,就否定阴阳五行与人类吉凶祸福的联系,无异于因噎废食。稽康声明,他本人无意也无法通过自己的文章说清深奥的命运机理,只对阮侃论文中许多违反常识的或自相矛盾的论点提出如下诘问:

《论》认为①:生死寿夭、吉凶祸福皆由相命所决定。② 那么为什么太平盛世之人,生命一同延长? 长平之战被活埋的四十万降卒,生命一同缩短?《论》认为:命运是先天形成不可改变的,那么为什么古代圣贤反复强调善有善报呢? 为什么历史上善恶报应事例屡见不鲜呢? 如果善恶行为会改变相命,那么命运则取决于后天的努力,而非先天注定,这显然不合高论的本义。既然相命不可改变,何必服大黄丸治疗消化不良? 如果将服药解释为命中注定内容之一,那么住宅难道不也可视为命

———————————

① 《论》,指阮德如《宅无吉凶摄生论》,下同。

② "性命"与"相命"意思相近,古人认为人禀气不同,骨骼肌肤的质量形状(相),决定其未来的遭遇(命)。相命反映了性命。在稽、阮行文中,两者可通用。

中注定内容之一吗？如果说相命只需药物而不需要住宅,恐怕天下谈士不会心悦诚服此种高论。另外,既然寿夭不可力求,为什么《论》一方面讲寿夭不可人为,一方面又讲欲健康长寿必须知道疾病产生的原理呢？为什么一面强调彭祖和殇子都是性命自然,一面又宣传所谓正确的养生之道呢？如果寿夭可以人为改变,那么命中注定说则难以成立。以上论点,都是自相矛盾的。

《论》认为,清心寡欲、形神和谐,是养生之道的全部要义,此论基本正确,但不全面,还要注意外部因素的影响:例如危邦不入,避免动乱的伤害;对住宅严密戒备,以防暴徒的袭击;选择干燥通风的高地居住,远离潮湿疫气的感染。危害生命的外因,远不止于上述几种,单凭形神和谐的自我调养无法保障长寿。例如,清静寡欲者,无人超过单豹。然而这位注重内在调养而忽略外部防卫的大师,虽然年过七十而貌若童子,但最终被猛虎所吞食。如果说单豹命中注定要葬身虎腹,那么清心寡欲有何益处？可见长寿之道并非神形和谐所能囊括,还有其他辅助方法。

《论》认为,旧宅可观测吉凶,而如法炮制建造新宅则无效,请问:观测旧宅而得应验,是通过观测房屋本身呢？还是观测居住者呢？如果是观测居住者而获知吉凶,属于观人而非观旧宅;如果是观测旧宅而获知吉凶,说明此宅本身有吉凶,影响了居住者的命运。既然吉凶祸福由住宅造成,为什么新修的房宅没有这种功能? 如果吉凶祸福由居住者造成,那么,旧宅应无预测意义。住宅究竟有吉凶呢? 还是没有? 能观测呢? 还是不能? 又是自相矛盾的论点。

《论》认为,相宅术与龟卜揲蓍之占卜术相同,可以预知吉凶而不能制造吉凶。其实,两者相似而实质不同。占卜术的原理为:当事物的吉凶还未产生,无形象可查时,通过龟甲蓍草收集未来吉凶的无形的信息,作出预测。观测住宅(相宅)术的原理为:通过住宅本身形象,观察其中已经发生过或已经蕴藏着的吉凶形迹。犹如相面术:见龙颜之相,知其必尊贵;见竖纹入口,知其必然饿死。相宅与相术都有形迹可循,与占卜术冥冥中与无形的未来信息暗合不同。如果因相宅术与占卜术均能预测吉凶而将两者视为一物,犹如见到琴而称之为箜篌那样无知。① 假设像《论》所说的那样,相宅术与占卜术只能预测命运而不能改变它,那么预测又有什么意义呢? 古代圣贤有所作为之时,总是通过龟卜揲蓍作出选择,岂不是徒劳无益? 例如,周武王定居镐京,周公迁都洛阳,都通过占卜作出决断。可见古代圣王均认为占测有助于

① 箜篌:古乐器,形状类似现代西洋乐中的竖琴,与古琴形状大异。

决策,而《论》却认为徒劳,不知谁是谁非。

《论》以愚民居公侯之宅,必然不会成为公侯,证明住宅与命运无关。应当说,吉利的住宅不能单独决定居住者的幸福,君子既要选择吉宅居住,又要积德行善,才能吉利亨通。就像优秀的农夫,既要有高超的农艺技术,又要选择沃土并辛勤耕作,才会大获丰收。庄稼不会仅仅靠良田沃土就自然茂盛,幸福也不会单靠吉利的住宅获得,均需要其他各种条件的互相配合。而人们往往在这个问题上陷入了片面性:相信天意则放弃人为努力,相信占卜相术则不顾事物的自然规律,相信人类智力则藐视天理,类似见时雨有益农作物生长,便不耕耘播种,却希望庄稼大丰收一样可笑。去掉偏见,全面看问题,墓葬、住宅,对人类的寿天祸福是起了部分作用的。

《论》认为,古代圣王无选择吉利日期与祈祷驱邪之事,此说与历史事实不符。商汤王在桑林求雨,周公为周武王设坛祈祷病愈,《诗经》有选择祭祀吉日的说法,怎样予以解释?难道商汤与周公不算古代圣王?

诚如《论》所说,遭匪徒进攻速逃,比安然不动好;消化不良服大黄丸,比求救于江湖术士灵验。然而这些措施不如防患于未然,比如用水救火,虽然比用柴草救火高明得多,但是不如事先为炉灶安置弯曲的烟囱(使灶口免对柴草)避免火灾发生更好。像命运一类神妙难明之事,超言绝象,非理性所能分析、语言所能表达,所以古代圣贤对此不予公开讨论,只是默默实施,以此预测未来命运,指导行动。人们不知其中所以然,误认为圣贤获得成功是自然而然。命运之理,非常识所能解释。天文地理,有形有象,专家们尚不能掌握其中规律,对茫茫宇宙间深奥事物,理智所能解释的只是其中极少部分。由此可见,仅仅依靠常识提供的逃避匪徒袭击和治疗消化不良的正确方法,就认为已穷尽了生命之理,宇宙之奥妙,对自己所不能理解的事物则简单地否认其存在,这种思想方法,与春生夏死的小虫断然否认冰雪存在一样荒谬,像西域人不相信麻可以织布一样浅陋。

针对嵇康《难宅无吉凶摄生论》(下面简称《难》),阮德如写了《释〈难宅无吉凶摄生论〉》对嵇康的诘难逐条反驳。内容大致如下:

在有无鬼神的问题上,古代圣贤历来存在两种态度:先王的经典强调鬼神的存在,是为了确立宗庙祭祖的神圣地位,巩固国家的根基;孔子拒绝讨论神怪,是防止末流方术以此欺惑民众。其实,礼乐制度与鬼神观念在治国中相辅相成,各自发挥不同的作用。墨子著《明鬼》论,力证鬼神实有;董无心著论反驳墨子,认为鬼神虚妄;二位贤士都陷入了片面性。太相信鬼神则愚蠢,根本不相信鬼神则迂腐。作为纯学术问题,它没有太大的意义,我也说不清楚,问题的关键不在这里。从社会实际看,过度的鬼神迷信将导致民生痛苦。众多的怪力乱神出现,国家信奉的正神将被冷落;众多的淫邪忌讳出现,正确的忌讳将不复存在;阴阳宅术兴起,则妖氛炽烈,民生凋敝。这才是我之所以关心并不遗余力讨论它的原因。对有代表性的典型事例,也就不顾其卑微琐碎而引以为证。从瓶水结冰,可知普天下寒冷;观察天文仪器,可知日月星辰的动向。不可因养蚕耕种事小,而忽视它们所反映问题的巨大意义。

命运的形成,既有先天的自然禀赋,也离不开后天正当的生活行为。孟子说,君子注意身心修养,等待命运的安排。但是真正明白命运的人,不会站在有倒塌危险的高墙之下,因为它足以使人突然死于非命。由此可见,命运的形成仍需要其他条件,犹如食物并不等于生命,而生命离不开食物一样。假如我认为寿夭完全是命中注定,自我摧残也不会使彭祖夭折,那么《难》以正当生存方式的重要性相诘难,情有可原。然而,我并无此意,而是肯定了正当生存方式对生命的意义,仅仅指出住宅墓葬与寿夭无关,所以才提出彭祖不以"凶宅"夭折,殇子不因"吉宅"长寿的说法。《难》的指责,属曲解原意,无的放矢。其实,养生与治病,都是相命已决定的人生内容之一。假如生死祸福不由相命所决定,按《难》的逻辑,应为住宅所决定,那么彭祖自然是因为住吉宅而长寿,殇子是因为住凶宅而夭折了。长平之战,同时被杀的四十万降卒,人人住一凶宅?这使我更为疑惑了。人类的生死寿夭,除先天禀赋之外,在于各种养生方法的和谐运用,不可偏执一种。单豹注重内功调养而忘却了外部伤害,张毅武功非凡而忽略了内功修养,所以都丧失了生命:前者葬身虎腹,后者亡命于内热疾病。从忽略和谐的角度看,两者失误是相同的。先生强调住宅的决定作用,而忽视了和谐养生之道。

摸著占卜所得吉利卦象,相面所遇高鼻龙颜公侯尊贵之貌,都是冥冥中自然而成,人们仿制出的卦爻和贵相不可能获得同样的好运。比如公孙述在其掌上刻画了"公孙帝"三字,王莽造了"威斗"神器,表示接受天命,最终都不免身败名裂。由此可见,非故意营造的住宅,可以占测吉凶;人为建造吉宅,则求福无效。归根到底,不是住宅决定人的命运,而是人的命运使住宅显现出吉凶征兆。相反,是《难》的作者不懂术数预测的原理。例如猎人进入森林打猎,可能遇到野禽,也可能遇到猛虎。遇到野禽吉利,遇到猛虎凶险。占卜大师可以预先测知野禽与猛虎的存在,故能预知吉凶,却不能制造吉凶。《周易·系辞》称君子行事前占卜,可预知未来,并没讲可创造未来。周人创造的卜卦之术,亦不能增加周王朝的统治时间。犹如占卜无法改变某地区野禽与猛虎的客观存在一样。假设某地区遍地猛虎,前往者必然凶险,不会因宿营地的方位与房门的朝向不同而吉凶各异;也不会姓宫者安全,而姓商者受害;更不会有日期的吉凶之分。《诗经》说,门户应开在西南方向(便于采阳光、避风寒),古人的建筑群落,都有一定规范:一般是宗庙位于最前面,马厩仓库次之,居室在后面。都是以生活方便为原则,建房的日期也无甲子太岁之类烦琐忌讳。《难》声称以古人为楷模,实际上却违背了古代圣贤之道。

《难》也承认,吉宅不能单独决定居住者的幸福,犹如农夫欲获得丰收,既要有高超的农艺,又要选择沃土,还要勤劳耕作。《难》的这些论点完全正确。如能具备上述三者,必获丰收。如果以迷信方术等歪门邪道去妄求丰收,则近乎宋人拔苗助长一样愚蠢。然而,不知《难》鼓吹通过阴阳宅术求福寿,与哪种方法更接近,是与勤劳、技艺、沃土三者相似呢? 还是与迷信妄求相似呢?

据史书记载,周公为武王病愈而祈求神灵,孔子却反对子路为自己的康复祷告。同样是圣人患病,为什么处理方式如此不同呢? 原因在于,表达君臣之情,需要通过一定的礼仪形式。周公是武王的弟弟兼大臣,所以要举行祈祷仪式。孔子是自身患病,所以不需采取这种形式。

至于古代圣王建筑工程选择吉日之事,其本意是防止人民懈怠,勉励他们勤恳工作。世俗的选择吉日则往往陷入妖妄迷信。同是选择吉日,动机与效果大异。

《难》说,人类理智所能认识的事物,远不如未认识的多。这种看法,比世俗观点棋高一着。然而对所不能认识的事物,更不可妄加解释。理智所能认识的事物,都在经验常识范围内,所以古代君子选择安身立命之道,都按自己的自然本能,在常识范围内寻找。《难》关于住宅吉凶的高论,如果属于可知的常识范围,应当能解释明白;如果在不可知的范围,则属于妄加解释了。两者必居其一。对自己知识范围之外的无法证明的问题妄加评说,是否也像春生夏死的小虫议论冰雪那样可笑呢?《难》攻击我局限于经验常识,我也担心《难》的作者神游于不可知领域以至迷失了方向。

与其前《论》相比,阮德如在《释〈难宅无吉凶摄生论〉》(简称《释》)中,对命运产生的深层原因,诸如鬼神是否存在等问题,由回避转为直面,旗帜鲜明地表达了自己的观点。对此,嵇康又著《答〈释难宅无吉凶摄生论〉》,对阮德如的观点一一予以反驳,明确地提出了自己的命运观,大意如下:

古代圣王关于兴邦治国的社会政治思想,以语言文字形式保存在经典著作中,这些内容,一般人都能阅读理解。然而,关于宇宙神秘事物的深奥理论,由于超越了语言表达的范围,所以圣人没有在经典中正面论述,言不尽意。对这类内容,除了那些能得意忘言的聪明人外,一般人很难达到这种思想境界。这需要人们不受自己经验的局限,透过迹象探求本质。鬼神的有无,就属这类问题。

《释》认为:世上并无鬼神。为了确立宗庙的神圣地位,立国之本,不得不借助鬼神……古代圣贤之品德如天地那样高大磊落,行为处事顺应自然法则,难道需要凭空编造出鬼神去欺骗后世子孙吗?

关于圣人患病时在是否祈祷问题上的不同态度,《释》的解释难以自圆其说。如果君臣关系需要祈祷,未闻舜禹为其君父健康请命;如果自身疾患则不需祈祷,未闻周武王劝阻周公。汤王在桑林求雨,难道也是为了君父吗?由此可见,古代圣王是否举行祈祷仪式,是随当时的需要而决定。

关于古代圣王是否选择吉利日期的问题,《释》认为,圣王选择吉日是为了防止人民懈怠,与前《论》中关于圣王无选择吉日之举的说法相矛盾。对此暂不诘难。假设圣王选择吉日的确是出于上述动机,那么,毕竟是有此做法。古代太平盛世选择吉日的习惯,到后代可能会流为妖妄,犹如先王作雅乐,到没落时代流为靡靡之音一样。

欲除民间繁多且妖妄的忌日,却将矛头对准先王创造的正当吉日,类似厌恶靡靡之音而欲毁灭先王雅乐一样,属因噎废食,无故迁怒。另外,《释》的作者善于占卜,相信以阴阳五行八卦天干地支为框架的象数理论,而推算日期吉凶的方术,完全是以象数学说为理论基础,或者说,是从象数理论派生出的。可见《释》的作者已逻辑混乱,不辨"本末"了。因此,修建宗庙,被视为假借鬼神树立权威;祭祀祈祷,被视为虚伪形式;选择吉日,被视为劝诫下民。难道圣人是靠弄虚作假之欺诈手段治理天下吗?连古代圣贤的作为,都被诬蔑为虚妄,相宅术遭到攻击,也就不足为怪了。

相命理论认为,骨相容貌决定了人一生的命运。贵相必交好运,贱相必遭厄运。命中注定不死,刀斧丛中亦可安然无恙;命中注定富贵,虽沦为奴隶,最终也会平步青云。总之,命运不能人为,不可改变。《释》持相命学说,理应将这一原则贯彻到底,但是当我在《难》中,以正当生存方式对生命的积极意义予以诘难时,《释》文则补充说:"正确的生存方式辅助相命完成。"如果相命的实现,需要人的努力,才能完成,那么命定论也就无法成立。假设正确的生存方式会影响命运的实现,那么请问,周勃饿死是否与其作恶多端有关?英布是否因道德善行而封王?一栏之羊遇宴会,被宰者是否作恶,幸存者是否积善？持相命论，就不能承认人为因素。脚踩两只船，只能陷入自相矛盾的窘境。

《释》指出："相命既然存在，就不应对同一遭遇者数量的多寡而产生顾虑，长平之战被同时杀害的四十万降卒属命运相同。"同时又说："真正明白命运之人，不会站在危险的高墙之下。"这两种说法显然是矛盾的，窃以为：相信命运者，不会害怕站在危险的高墙之下，因为命当存活，不会被压死，有何恐惧？如果不论命长命短，高墙都能危害之，立于墙下遭祸，远避安全，则相命等于不存在。对长平之战的赵国降卒来说，秦军统帅白起难道不是高墙吗？为何将赵国四十万降卒之死仅仅归于他们相命雷同呢？如果说长平之战的惨案属降卒命中注定，不可改变，那么关于可不立于高墙之下的高论，又作何解释？到底有命相呢？还是无命相？《释》竟然反问："长平惨案如果不归于相命，难道要归于降卒同住凶宅吗？古代盛世，难道人人都居吉宅？"这无疑曲解我的原意，我怀疑相命的存在，故借用明显历史事实，证明相命说并非无懈可击，况且已声明住宅不能独立致吉凶，《释》的诘难，又属无的放矢。反过来看，"长平降卒难道因凶宅而同死"的诘难，又与《释》的基本论点相矛盾了。《释》不是强调不要从数量多寡看问题吗？既然存在四十万同相命者之说不可怀疑，为什么对存在四十万同住凶宅者加以质问呢？显然，《释》为了证明住宅吉凶虚妄与相命可靠,已到了不顾逻辑常识的地步。

《释》认为,"占卜的意义,在于实现命相规定的内容"。按《释》的"新论",命运的决定因素已由骨相容貌一种变为由骨相容貌、正确的生存方式和占卜三种组成了。如此下去,不知要增加多少因素,"相命"之说是否还能成立？对占卜实现相命内容的说法,我深表怀疑。假若单豹通过占卜知道自己将遭虎祸,于是隐居于深宫,严密防卫,而老虎仍然突破防线祸及单豹,说明占卜无用;如果单豹安然无恙,说明占卜破除了相命。两者无论哪一种情况发生,都谈不上占卜实现相命。如果所有的相命,都需要占卜预测得以实现,那么终身不占卜的人,相命岂不无法实现了？

《释》认为:犹如相术可以通过观察自然生成的容貌预告命运那样,对非故意营造的住宅,相宅术可以由此占测吉凶。人为建造吉宅居住而企望幸福,则类似人为制造龙颜高鼻的高贵相貌而企望成为公侯一样不能实现。原因很明显,不是住宅决定人的命运,而是人的命运使其住宅显出吉凶征兆。这种说法很难经得住推敲。

第一,那种可以占测的非人为建造的住宅,是如何建造呢？难道会盲目地,不参考任何其他建筑模式,"自然而然"地建造房舍？《释》不是强调命相不会自然而然地实现,需要占卜预测与正当的生存方式等人类有意识的活动才能实现吗?为什么偏偏将建房设计这种极明显的人为活动排除在外呢?

第二,如果盲目建造的房舍便是与其相命一致的住宅,说明命中自有定数,有意识地建造也不会更好。智慧之人必然会盲目造宅,而周公建都却如此犹豫,用龟卜筮占去预测吉凶。如果占卜有助于选择,则说明盲目修建并不合乎命理,而有目的地建筑是正确方法。退一步讲,即使占卜建宅不如盲目建宅更能实现相命,至少不会起破坏作用。既然占卜与不占卜,有为与无为,最终都取决于命运的自然定数,善于占卜者只是与命运之数巧合而已,为什么盲目所建住宅能测知命运吉凶而占卜所建住宅却无法预测吉凶呢?

第三,《释》将有意按吉宅模式建造房屋,比作自饰龙颜贵相以求富贵,称之为"设为之宅";将盲目营建的住宅,称之为符合性命本色的"正命之宅"。然而,若"设为之宅"与"正命之宅"的建筑结构形式完全相同,并同样使主人吉利,就证明吉宅的建筑形式有一定规律可循。《释》的作者在前论中也承认旧宅可以观测吉凶。依靠什么来观测呢?只能是旧宅的建筑方法、结构布局等外在形式。能带来幸运的建筑形式,称之为吉宅;能带来灾祸的建筑形式,称之为凶宅。吉凶之宅必然有明确的建筑形式,盲目修建与故意仿造的住宅不会产生相反效果。问题的关键在于,命运并非仅仅取决于住宅。除住宅吉凶外,居住者的相命同样发挥作用。相命与住宅的关系,就像农夫与良田,两者结合在一起才会产生效果。住宅本身是无意志的,吉宅不会因为是有意模仿,而不发生作用。就像良田无法辞退耕种者,无法不长庄稼一样;吉宅也无法选择居住者,无法故意不予其吉祥。

从以上三个方面看,结论是明显的,并非居住者的相命使住宅呈现出吉凶征兆。住宅同样会对人的命运产生影响。住宅是否有此功能,关键在于住宅本身的结构形式是否真正具有吉凶性质,而非徒具空名。有些所谓"吉宅"有其名而无其实,理应予以否定。但是不应因此怀疑真正吉宅的存在。例如相命术的原理,是通过外在相貌看其内在禀赋,而不为相貌变化所迷惑。英布被墨刑破相,仍被封王;公侯之相者被割去高鼻,仍会成为公侯。因为相貌仅是性命的外在标识,并非内在原因。如果没有高贵的相命,仅仅伪造外在标识,并不能丝毫改变命运。公孙述与王莽无天子之命却人为制造天命标识最终失败的历史教训就是明证。总之,相命属自然而成,不可人为改变;住宅由人为而成,其建筑形式可以改变。因此,世上没有造人法,却有建宅术。相命与住宅的关系,类似美人与衣裳:如西施天生丽质,不可创作,而西施的衣服却可以创作。美丽的服饰可以使人更美丽,吉祥的住宅可以给人带来好运气。虽然相命与住宅不是同一事物,但可以相辅相成。怎能因不能创造生命,而否定建宅的意义呢!

《释》认为:占卜能预知猎人所遇吉(野禽)、凶(猛虎),但不能人为制造吉凶,同时又指出,狩猎地区因猛虎之有无,亦有吉凶之别。既然猎人可以通过占卜而选择猎物,也可以用来选择猛虎少的吉利地区居住,为什么只可用来选择猎物而不可用来选择居地呢?《释》又说:地区的吉凶如同存在着猛虎野禽,吉凶应对所有进入该地区的人相同,不可能对姓宫者无害,而对姓商的有灾。这种说法显然不懂象数学关于姓氏的理论。人类的姓氏发音归为角、徵、宫、商、羽五音,分别由木、火、土、金、水五行之气所生。五行之气之间存在着有规律的相生相克的关系,不可任意结合,因而人类同姓之间不可通婚,否则对繁育后代不利。土地也由五行之气所成,有不同种类。不同种类的土地与不同姓氏的人之间,存在着相生相灭的关系。同气相求,同声相应,是自然之理。音乐常识已表明,声音频率不同,两根相邻的弦不会产生共振;声音频率相同,相距很远的两根弦也会共振。土地含气不同,与不同声音存在着不同的相生相克关系。例如火型地区,适合属土的宫姓(火生土),却不适合属金的商姓(火克金),就像良田土质不同,适宜种植不同的农作物一样。

《释》认为:"药物可以治病,无须怀疑,而住宅可带来吉凶是虚妄之言。"《释》的作者在前论中已承认,旧宅可以占测吉凶,怎么此处又称之为虚妄之言呢?大概是因为药物对人类的治疗效果直接,容易相信;住宅对人类吉凶的影响间接,容易怀疑。如果以直接间接作为检验虚实的标准,那么人类的认识能力将小得可怜。但是,人们并不因常见小沟小渠而怀疑江海的浩荡,并不因常见丘陵而怀疑泰山的雄伟。相信药物的直接疗效而否定住宅对命运的长远影响,则像海上渔夫不相信有高山,山区居民不相信有大鱼那样浅陋。

《释》认为:"对理智所无法认知的事物,不可以妄加评论。"理智所不能解释的现象,相命学说也说不出所以然,为什么《释》相信神秘的相命学说胜过理性认知呢?原因很简单:命运产生于神秘的宇宙力量,它无形无象,人们只能通过有形有象的现象探讨其规律。人类的理性分析离不开有形有象的经验,而经验本身是有限的,以此来求证无形无象的命运之规律,必然得不到完全准确的结果。因为它超越了理性认知的范围。所以,有许多道理是讲不清楚的。但是,由显入微、由此及彼地推导命运的内在规律这一探讨过程却是合理的。犹如猎人捕获野禽的过程:按野禽的活动痕迹前往,有时会一无所获,然而，欲获野禽，只有循迹前往。讨论住宅吉凶原理亦然。
如果因一时得不到确切的答案，便认为不可探讨，犹如因
不确知狩猎结果而永远不打猎一样荒谬。由此可见，对
神秘事物规律的探讨，并非虚妄之谈。

　　在以往的嵇康研究中，上述与阮侃的争论文章是久
被忽视的作品。这些作品不但对全面了解嵇康的哲学思
想有不可低估的价值，而且对深化魏晋玄学的研究，有着
十分重要的意义。

　　传统观点认为，魏晋玄学与汉代经学相比，突出的特
点是哲学思维方式的变革，即摒弃了汉代经学的象数方
法，一变为本体论方法，但是，从嵇康与阮侃的文章看，象
数思维在玄学思潮内的地位仍然不可低估。

　　所谓象数方法，有狭义与广义之别，狭义的象数方
法，是指《易》学的一个流派；广义的象数方法，是指把物
象符号化、数量化归类，以此理解宇宙万物之间相互关系
及发展规律的思维方式。广义的象数学源于狭义的象数
《易》学，但又超越了象数《易》学范围。

　　象数思维的理论基础是元气论，其基本思路由宇宙
生成论和宇宙结构论两个互相联系的层次构成：元气在
运动变化中生成了阴阳、五行、八卦之气，阴阳、五行、八
卦之气的相互作用，则生成了宇宙万物。例如：阴阳之

气产生了君臣、父子、夫妇、刚柔等对立统一事物或属性；木、火、金、水、土五行之气产生了东、西、南、北、中（五方），仁、义、礼、智、信（五常），宫、商、角、徵、羽（五音）等一系列与"五"相关的事物或属性。再者，阴阳、五行、八卦之气产生了宇宙万物后，与其所生成的同类事物，发生着相互感应作用，决定着同类事物之间的联系及其变化规律。例如五行之气，控制着相应的五方、五音、五色、五味等等，两者之间是施控系统与受控系统的关系。同时受控系统之间也因含气相同而相互感应发生联系，形成自己的类属，见下表：

施控系统	五行	木	火	土	金	水
受控系统	五方	东	南	中	西	北
	五色	青	赤	黄	白	玄
	五音	角	徵	宫	商	羽
	五味	酸	苦	甘	辛	咸

显然，象和数是各种气态的符号和结构数量。象数思维认为：元气（一）、阴阳（二）、五行（五）和八卦（八）之气之所以能作为施控系统对宇宙万物发生控制作用，是因为气的同类相感，而这一同类相感学说，是建立在当时对物理共振现象的经验常识之上，有着难以驳倒的"科学"基础。汉儒将这个思想原则推广到《周易》六十四卦，

创造了卦气论,认为卦气的周期性运动产生了六十四卦的卦爻象及数字的变化,决定了宇宙万物运动的规律。同时将六十四卦的卦爻象及数字与当时的天文、历法、数学、生理、医学等知识糅合在一起,构造了一个庞大的宇宙结构系统,将世界的一切事物和现象统统纳入这个系统中分门别类。在这个系统的整理下,乱纷纷的大千世界有了可循的条理,它是汉代科学文化知识的哲学概括。

在现代人看来,象数系统是建立在主观臆测的基础上,牵强附会地将事物类似的外在特征联系在一起,而在汉儒心中,象数系统所揭示的是事物运动变化的内在联系,掌握了它,就掌握了世界的规律,也掌握了自己的命运。象数思维是汉代各种命运学说的理论基础。汉人认为,元一阴阳五行经过复杂的组合,形成了宇宙神秘的施控系统,与人体的小象数系统互相感应,控制着、决定着人的生死寿夭、福祸贵贱,可以通过星象、骨相、占卜等方式预测。例如,天空的星辰,被认为是元气的精华,某种星辰的特殊气与某类型人所禀元气相感,左右人的命运。故观星象可知人事。又如,人的骨骼相貌的形象,被认为具有神秘的象征意义,即与相似的事物,属于相同的象数结构,因而具有相同的性质和命运:龙颜必高贵,豺貌必残忍。再如,占卜术的原理,被解释为通过揲分蓍草进行数学运算,得到某事物与宇宙中施控系统某种卦气之间的同构之数,通过这个同构之数,推出相应的卦象,通过卦象分析未来命运。

象数是两汉时期占主导地位的思维习惯,各种流派的思想家都无法超越象数思维的历史局限去思考观察问题,无论是理性主义哲学家,还是神秘宗教的教主,无一例外。如果仅仅从气的感应着眼,认为事物之间的象数联系是气的自然作用,则属于理性主义,王充是代表人物;如果认为事物之间的象数联系,除了气的相感之外,还存在着鬼神之类超自然力量,则属于神秘主义,谶纬神学与早期道教是典型代表。从历史的发展过程看,两汉象数思维最终走上了烦琐与妖妄,随经学思潮一起,被新生的魏晋玄学所取代。

学术界一般认为,思想方法上看,魏晋玄学以本体思维取代了汉儒的象数思维。所谓本体思维,是指将事物分为本(本质)与末(现象)两个基本层次,用"本末""体用"观点分析事物现象与本质之间的关系,整个思想过程注重经验、逻辑,被称为"辨名析理"。在命运问题上,同样表现出清醒的理性主义特征,即认为命运是自然而然生成,不可改变、无法深究。学术界关于玄学思维方法与命运观的认识,虽然有不少合理之处,但是流于简单化。从嵇康与阮侃关于住宅吉凶论战的个案看,问题远非如此简单。首先,嵇康、阮侃的思想方法并非玄学的本末体用思维,而是传统的象数思维①,他们都力图以深通"象数之理"的思想家形象出现,指责对方"惑象数之理",所以他们对传统的相命论、占卜方法,都不同程度地予以肯定。再者,在象数思维的共同思想基础上,同样采取了从经验出发,尊重理性,辨名析理逻辑证明的途径,嵇康与阮侃却分别得出了有神论与无神论两种相反的结论。

如果扩大研究视野,全面观察魏晋玄学思潮则不难发现,采取本体论思维方法,完全否定鬼神存在的只是某些流派的少数哲学家。象数思维方式作为传统文化,其合理成分自然积淀在广大士人精神世界的深层,鬼神意识也作为宗教情感,于相当范围内存在。否则我们将无法解释传统的"天命论"在官方意识形态中的统治地位,无法解释在士族知识分子中流行的服食养生风气,而反映这一阶层宗教情感的神仙道教也成了无源之水。嵇康的思想不是孤立的,是魏晋玄学中元气自然论与象数思维流派的代表,与汉代黄老养生派及魏晋神仙道教有着千丝万缕的联系。

嵇康与阮侃在命运问题上得出了宅有吉凶与宅无吉

---

① 嵇康的象数思维并非局限于住宅吉凶,而是其最基本的理论方法。他以数的同构与气的感应为依据,在《声无哀乐论》《难养生论》和《难宅无吉凶摄生论》等文章中全面解释了音乐与情感、服食与生命以及住宅与吉凶的关系,这些论文中,几乎没有本体论的影响。

凶、有神论与无神论等相反的结论,是否可以由此断定阮侃理性、进步,而嵇康迷信、落后呢？显然不能。阮侃持理性的命运"自然"论,反对鬼神决定论,但这种"自然"的内涵却是最神秘的相命,实际上又是一种宿命论。嵇康认为神鬼是气的一种特殊形态,并非是最终决定人类命运的力量,而人的积极努力,亦会改变命运。以历史的眼光看问题,宗教与科学是一个过程的两个方面。古代科技与医药的进步,往往离不开宗教精神感召下,人类改造世界、改变命运的主观努力。嵇康虽然相信鬼神,但更强调人为,具有一定的积极意义。

第五章
愤　起

一、无处逃避的心灵

　　毌丘俭兵变失败与齐王曹芳被废,司马氏兄弟权力的顺利交接,意味着曹魏王朝的大势已去。但斗争并未结束,残余的亲曹地方势力与风雨飘摇的王室,在惊魂稍定之后,进行了最后的反抗。

　　甘露二年(257)五月,东南前线的最高军事统帅——镇东大将军诸葛诞,继王凌、毌丘俭之后,在淮南地区发动了大规模兵变,这是历史上著名的所谓"淮南三叛"中的最后一次,也是亲曹力量发动的最后一次武装反抗司马氏的大规模军事行动。

　　与王凌、毌丘俭相比,诸葛诞与当年的曹爽、何晏、夏侯玄集团有着更深的联系。早在魏明帝太和年间他就是何晏、夏侯玄"四聪八达"团体的骨干分子,是"浮华案"被免官禁锢的"要犯"之一。① 正始时期,何晏、夏侯玄东山再起后,诸葛诞亦官复原职,不久即被派出掌管军权,任扬州刺史,加昭武将军。到司马昭执政的甘露年间,诸葛诞已是各大军区统帅中唯一幸存的正始名士了。

诸葛诞与曹氏的关系,世人皆知,司马氏之所以迟迟不对他下手,大概是出于稳定人心、各个击破的战略目的。所以当各地的曹氏余党被铲除得差不多后,下一个开刀的对象,自然要落到他的头上了。对这一点,诸葛诞本人也不抱幻想,他利用远在淮南前线的条件,招兵买马,屯集粮草,甚至破散家财,在正规部队编制外,又私养了几千名亲兵死士,以防不测。② 靠坐探的情报,远在洛阳的司马昭对诸葛诞的活动亦有所闻,于是派亲信贾充前往"慰问"伺察动向,贾充以是否同意司马昭禅代征求诸葛诞的意见,遭到严辞拒绝。③ 贾充回到洛阳向司马

---

① 《三国志·魏书》卷二十八《诸葛诞传》注引《世语》:"是时,当世俊士散骑常侍夏侯玄、尚书诸葛诞、邓飏之徒,共相题表……帝以构长浮华,皆免官废锢。"

② 《三国志·魏书》卷二十八《诸葛诞传》:"诞既与玄、飏等至亲,又王凌、毌丘俭累见夷灭,惧不自安,倾帑藏振施以结众心,厚养亲附及扬州轻侠者数千人为死士。"

③ 同上注引《魏末传》:"贾充与诞相见,谈说时事,因谓诞曰:'洛中诸贤,皆愿禅代,君所知也。君以为云何?'诞厉声曰:'卿非贾豫州子?世受魏恩,如何负国,欲以魏室输人乎?非吾所忍闻。若洛中有难,吾当死之。'充默然。"

昭汇报时指出,与淮南的战争不可避免,宜早不宜迟。于是朝廷下令"高升"诸葛诞为"司空",进京任职。富有政治经验的诸葛诞当然不愿束手就擒,于是,杀了司马昭在淮南的坐探——扬州刺史乐綝,发动了兵变。司马昭则调集了全国各地的几十万部队前往平叛。

这是一场相当残酷的恶战,在寿春城下,守城的叛军与四面合围的"政府军"展开持续8个月的攻坚战,尸骨遍地,血流成河。最后,城内粮绝,引起内哄。甘露三年二月,守城部队自行瓦解,寿春陷落,诸葛诞在突围时阵亡,追随他的几百名亲兵被俘后以拒不投降罪被斩,临刑前皆呼:"为诸葛公死,不恨!"①亲兵们死得十分壮烈,几百个人排成一排,依次砍头,神色不变,直到最后一人。

诸葛诞兵败之后,亲曹武装力量已不复存在,司马昭对皇权的威胁日益明显。"禅代"已成定局,年已19岁的小皇帝曹髦不甘心自己将被废免的命运,决心以卵击石,发动政变,夺回权力。

曹髦是曹丕的孙子,东海定王曹霖的儿子,正始五年封郯县高贵乡公。嘉平六年(254)曹芳被废后,年仅13岁的曹髦被司马师选为新皇帝,实际上是司马氏集团手中的盖印机器。曹髦天资聪明,勤奋好学,很想有所作

————————

① 《三国志·魏书》卷二十八《诸葛诞传》。

为,所以对其被操纵的傀儡地位不满。随着年龄的增长,这种不满日益强烈。

这位小皇帝思想活跃,谈锋机捷,喜欢与臣下展开学术辩论,甚至到太学去与博士论战。在他唇枪舌剑的步步紧逼下,一些硕儒也往往败下阵来。据《本纪》及注引《魏氏春秋》资料分析,曹髦的学术辩论内容具有十分明确的现实政治目的。比如,他在太学讨论《尚书》时,集中批判了王肃的解释。王肃是司马昭的岳父、政治上的死党和意识形态方面的理论家,曹髦企图动摇王肃的经学权威地位,用心十分明显。又如甘露元年与群臣在太极东堂讨论古代帝王的优劣,即创业之主与中兴之主哪个更伟大,具体比较了汉朝开国皇帝刘邦与夏朝中兴皇帝少康孰优孰劣,许多大臣倾向于刘邦为优,而曹髦旁征博引,认为少康更伟大。显然,曹髦希望自己能成为重振曹魏王朝的中兴之主。

从个人素质看,曹髦无疑是个杰出人材,但时势造英雄,他生不逢时,对手的势力和才智远远胜过当年少康的敌人。魏王朝的灭亡是人力所无法逆转的,曹髦清醒地看到了这一点。面对自己的悲剧命运,这位年轻的皇帝表现得十分勇敢,在尊严与生命之间毅然选择了前者,决心孤注一掷组织武装政变,进攻司马昭的大将军府,以侥幸取胜。甘露四年五月己丑日,曹髦召集他信赖的几位大臣王沈、王业和王经说："司马昭之心，路人所知也，吾不能坐受废辱，今日当与卿等自出讨之。"王经立刻指出，如今官员们早已视司马昭为真皇帝，一定会为其效忠。双方力量极端悬殊，仅以曹髦身边的少数警卫将士发难，几乎等于自杀。曹髦断然否决了王经的意见，慷慨陈词：即使战死，也死得其所，况且未必失败。

充当司马昭坐探的王沈与王业慌忙"奔走"，向司马昭告密，这位大将军感到十分震惊：小皇帝简直疯了！他立刻做好了反政变的准备。一无所知的曹髦率领着几百名由警卫、仪仗和仆人拼凑起来的乌合之众，敲着战鼓向大将军府进发了。在东止车门遇到了由司马昭的弟弟司马伷指挥的第一道阻击防线。皇帝毕竟是皇帝，在曹髦的呵斥下，司马伷的部队溃散了。曹髦一行继续前进，在南阙下遇到了司马昭亲信贾充指挥的第二道防线。曹髦下车挥剑在前面开路，大将军的部队被迫后退，因为在没有接到屠杀命令之前，谁也不敢对皇帝下手。然而，当贾充发出可以随宜自由处置的指示后，太子舍人成济手中的长矛立刻贯穿了皇帝的胸膛，"济即前刺帝，刃出于背"。后来，史家渲染当时的场面是：雷电交加，暴雨骤至，天地为之昏暗。

皇帝虽然是个摆设，但惨遭杀害仍是士大夫们难以接受的。面对曹髦的死，一些重臣元老纷纷要求惩办凶手,司马昭只得处死行凶的刽子手成济以息众怒。① 士大夫们对此事的反应,使司马昭意识到禅代的时机还未成熟,于是立燕王曹宇14岁的平庸儿子曹奂为新皇帝,作为禅代的最后缓冲人物。

自正始十年(249)高平陵政变到甘露五年(260)曹髦被害的11年时间中,在魏晋禅代的道路上,洒满了亲曹势力的鲜血,后代史家以沉重的笔调写道:"魏晋之际,天下多故,名士少有全者。"②寥寥几笔,勾出了那个血腥的时代。

死的死了,降的降了,沉默的沉默了。总之,在司马氏集团的屠刀加乌纱帽的威逼利诱下,士大夫阶层已经向新的皇权中心屈服了。然而,人们也从司马氏手中高举着的儒家名教大旗上看到了血污。传统的文化价值理想在一部分知识分子心中崩溃了,他们清醒了,但又无处可诉、无路可走。公开反抗,会白白地送掉性命;默默忍受,又噬碎了自己的心。于是,一个貌似看破红尘、扫荡一切文化的人物出现了,出现在司马氏集团的大本营中,这就是司马昭的从事中郎阮籍。

阮籍青少年时代曾经充满儒家政治理想,准备为天

---

① 《晋书》卷二《文帝纪》:"帝召百僚谋其故,仆射陈泰不至,帝遣其舅荀颢舆致之,延于曲室,谓曰:'玄伯,天下其如我何?'泰曰:'惟腰斩贾充,微以谢天下。'帝曰:'卿更思其次。'泰曰:'但见其上,不见其次。'于是归罪成济而斩之。"

② 《晋书》卷四十九《阮籍传》。

下大治干一番轰轰烈烈的事业。正始时期与夏侯玄关于礼乐的论战中,阮籍将礼乐的教化作用捧上了天。然而,事实无情地粉碎了他的梦想,因为儒家的纲常名教已经成了司马氏屠刀上的花环。在那个危机四伏的年代,为了生存,他不得不应辟当了司马氏父子幕僚。内心深处,他是看不起司马氏的。比如司马昭为其子司马炎向阮籍的女儿求婚,阮籍不敢公开拒绝又不愿与其联姻,于是大醉六十天不醒,使这事不了了之。而他又不得不为司马氏起草欺骗天下的文书,连司马昭的劝进表,都是出自他之手,虽然是在大醉之中痛苦的违心之作,但毕竟是写了。他经常独自驾车到郊外,不走大道,走到绝路上,就大哭而返,可见其内心之矛盾与悲哀。

大将军府内险恶的政治环境是无法公开发表见解的。触犯了司马氏的忌讳,随时有生命危险,钟会经常以重大的政治问题请阮籍发表看法,阮籍则借醉酒说些不着边际的胡话,使之抓不到把柄。但是阮籍并没有彻底沉默,而是以其他方式消极反抗。

司马昭以儒家礼教为招牌,"老实人以为如此利用,亵渎了礼教,不平之极,无计可施,激而变成不谈礼教,不信礼教,甚至于反对礼教"①。这一现象在阮籍身上表现

---

① 鲁迅《而已集·魏晋风度及文章与药及酒之关系》。

得十分典型。他不拘礼教的放荡行为,给司马昭的名教招牌上涂了几道油彩。其一,居丧非礼。阮籍是个闻名的大孝子,母亲去世消息传来时,他正与人下棋赌博,对手要求中止,阮籍却坚持下完。他在服丧过程中不按丧礼规定行事,饮酒吃肉,不哭而随意号叫,搞得吊丧者手足无措。他是真孝子,悲痛使他骨瘦如柴几乎丧命。其二,不拘叔嫂礼节。嫂子回娘家,阮籍与她恋恋不舍相互告别。有人讥笑,阮籍公然声明:"礼教不适于我!"其三,"好色"。有位士兵的女儿非常美丽,未出嫁便夭折了,阮籍与其父兄并不相识,却前往吊丧大哭。另外,邻近酒店的老板娘很漂亮,阮籍便经常去饮酒,并醉卧其身边睡觉,不避嫌疑,连酒店老板也不怀疑他会有非分之想,阮籍内心淳朴坦荡是众所周知的。其行为的真实用心,洞若观火。

阮籍的放荡行为,引起了传统派人物的不满。司马氏的死党,司隶校尉何曾以"不孝"罪名要求将他流放到"海外",却遭到了司马昭的拒绝。理由是:阮籍已骨瘦如柴,属发于自然的"死孝"。其实,司马昭并非不知阮籍的用心,而是从政治大局考虑,阮籍构不成对政局的威胁。而保护一位名士,有助于稳定人心。再说,名教本来就是个摆设,让阮籍的表演继续下去,不过尔尔。

嵇康在太行山南麓山林中"学道"的日子里,并没有因空间的距离而真正隔绝他的政治视线,洛阳发生的一切,每时每刻都牵动着他的神经。在他离家出走的第一年,阮籍母亲去世。① 阮籍因"居丧无礼"遭到社会非议陷入孤立的时刻,嵇康赶去"吊丧",以其特殊的方式予以支持。

中古时期的丧事,往往是一种公开的大型社交活动,在特殊条件下,甚至具有政治意义。比如东汉中平四年(187),陈寔的丧礼,到了几万人,成了党锢清流向宦官势力的一次政治示威。半个世纪后,阮籍举行的丧礼,则是少数玄学清流向强大的司马氏名教之治的政治抗议。据《晋书·阮籍传》载,阮籍会作青白眼②。对前来吊丧的司马氏集团的礼法之士,报之以白眼。嵇康的哥哥嵇喜,是司马昭的党羽,阮籍以白眼相待。当嵇康携琴提酒前来吊丧时,阮籍非常高兴,马上报之以青眼。两人公然弹琴饮酒,以示对当局倡导的"礼教"与"以孝治天下"的轻蔑。

《庄子·徐无鬼》这样描述了一个被流放越人的心态:离开自己的国家几天后,遇到本国的熟人高兴;离开

---

① 据刘汝霖《汉晋学术编年》考证,阮籍丧母发生于该年。
② 人们对喜欢的事物,瞳孔扩大,即黑眼球变大;对愤怒的事物,眼球上翻,以巩膜(白眼球)对人,即翻白眼。

一个月，见到本国的人高兴；离开一年，竟然见到像人的东西就高兴。离开故乡亲人越久，思念之情越深。从稽康生命发展史着眼，他外出寻道的三年，不但没有使其忘掉一切，遁入虚无之境，恰恰相反，离开的越久，对社会的关怀越强烈。正是在这"修道"的三年中，稽康的思想发生了一百八十度的大转弯。也许是出于对司马昭假借儒家文化愚弄人民的愤慨，也许是由此看到了儒家文明扭曲人性的消极层面，总之，稽康对以儒家文化为主体的封建文明的价值由部分肯定，转为全盘否定了。这在《太师箴》一文中表现得十分明显。他借"太师"之口，对执迷不悟的暴君发出警告，实际上是给当时的暴君司马昭上一堂历史哲学课。

《太师箴》比较系统地表达了稽康经过校正后的社会历史观点。他认为：人类最美好时代是混沌蒙昧的原始社会。那时天地万物以及人类，刚刚从太素阴阳的演化中生成，一切都是那样纯朴自然。人们无知无欲地活着，没有文字，没有政治制度，虽然也有华胥、伏羲那样的帝王，但他们除了顺应人民的自然本性外无任何作为，实际上也等于不存在帝王。继之而来的尧舜时代，虽然财富、等级已经出现，人类的淳朴本性正在丧失，但是由于统治者继承了古圣王的传统，以无私奉献精神为人民谋福利，所以社会继续繁荣安定。这种局面到大禹时代便永远结束了,继之而来的是一个道德日益沦丧的社会:智慧的产生,使人类变得狡诈;仁义道德美名的确立,使人类争名夺利;烦琐的礼仪教育,使人类的真情丧失殆尽。社会发展至近代,世道变得更为罪恶,君主将天下视为私人财产,依靠尊位权势鱼肉人民,穷奢极欲,作威作福。刑罚本来是惩罚罪犯的,而今天成了威胁贤士的工具。"阻兵擅权,矜威纵虐……刑本惩暴,今以胁贤。"他以无道之国迅速灭亡的历史,警告那些坐在火山口上作威作福的暴君恶臣,小心有朝一日山崩地陷,死无葬身之地。"初安若山,后败如崩,临刃振锋,悔何所增!"

嵇康思想的转向并不是偶然的,是其性格中生来具有的文化基因的突变。他转而反对以儒家思想为主体的传统文化,而导致其思想转变的文化基因正是儒家所倡导的那种视天下国家为己任的精神,"知其不可而为之"的精神,即范仲淹笔下"处庙堂之高则忧其民,处江湖之远则忧其君"的精神。上文关于嵇康无缘享用石髓、无缘看到"素书"的传说,以及孙登对嵇康不能审时度势的说教,都预示了他与道教并无更深缘分。事实上,嵇康的确不是一位真正的道家隐士,否则历史上将出现一位伟大的道士,而不是可爱的名士嵇康了。道家哲学的核心是生命本身,而嵇康却无法忘怀那个超越个体生命的文化理想,他躯体内流动的是救国救民的一腔热血,胸中跳动的是一颗炽热的正直之心。他无法摆脱作为曹魏皇室亲戚所要承担的义务,尽管这个义务在当时社会眼中可有可无;他无法摆脱伸张正义的责任,尽管这个责任在当时社会眼中属于子虚乌有。他无处可逃,因为即使逃向最深的深山,也无法逃避自己的良心。他不能再沉默下去了。"不在沉默中爆发,就在沉默中灭亡。"①

当士大夫阶级已经匍匐在司马氏脚下的时候,嵇康站了起来;当整个北中国一片沉寂时,嵇康结束了三年的山林生活,从河东抱犊山中出来呐喊了。"真的猛士,敢于直面惨淡的人生;敢于正视淋漓的鲜血。"②嵇康是真正勇敢的猛士。淋漓的鲜血不但没有将他吓倒,反而使他激动起来。懦夫愤怒了,面向更弱者;勇士愤怒了,面向更强者。嵇康出山了,他决心赤手空拳与司马氏比一比力量,将最后的生命交给战斗。

二、攻击读经的经学家

甘露四年(259),嵇康从河东抱犊山来到了首都洛

---

① 鲁迅《华盖集续编·纪念刘和珍君》。
② 鲁迅《华盖集续编·纪念刘和珍君》。

阳,在最高学府太学中活动,公开的工作是抄写古文石经。[1] 曹魏政府为方便天下学子抄写儒家经典,于正始时期将《诗》《书》《礼》《易》《春秋》五经经文分古文、篆、隶三种字体刻于石碑,立于太学,人人皆可前往抄写。嵇康是古文经学家,曾著《春秋左氏传音》一书,他去太学抄石经,是顺理成章的事。

嵇康在太学的活动已不可详考,仅仅局限于抄石经,是不可能的。作为一个闻名于世的才子,他在太学无疑是一个引人注目的人物。赵至是士兵的儿子,出身贫贱而甚有才气。14 岁那年去太学游玩,立刻被嵇康的气质所吸引,"徘徊视之不能去"[2],当嵇康准备离开时,他不愿失去这个难得的机会,追上车,问嵇康的姓名,要求拜他为师。嵇康也很喜欢这位直率好学的少年,对他的才性作了品题:"你的头小而且下宽上尖,眼睛白黑分明,视物不转,有秦朝名将白起的才能与风范,但可惜气量狭小。"赵至的回答很有名士气度,他说:"小小尺度能审视

---

[1] 洛阳是从河东到山阳的必经之路,嵇康避地河东回家时自然要到此地。据《晋书·赵至传》,赵至 14 岁时,在太学见到嵇康抄写石经。赵至 37 岁死于"太康中",只能是太康二年至九年(281—289),赵至 14 岁见嵇康,至少应在甘露三年(258)之后,参考嵇康从河东返回的时间,赵至所见嵇康写石经一事定于甘露四年最为合理。

[2] 《晋书》卷九十二《赵至传》。

天象,小小律管能测量四时之气;有用不在量大,我只想知道自己的智慧才能如何。"两年之后,赵至离家逃亡,四处寻找嵇康,在邺城相遇后,他以学生身份随嵇康回到山阳,直至嵇康被杀。

从赵至个案,可见嵇康在太学有众多的追随者。四年后嵇康被捕,三千太学生向政府请愿,要求释放嵇康,让其到太学当他们的老师,说明嵇康在太学生中享有极高的威望,这恐怕与他当年在太学的活动有关。

汉魏时期的太学,既是思想活跃的文化中心,也是重要舆论阵地,这与此处经常云集大批青年学子有关。东汉末年的清议运动,太学是发源地;正始玄学兴起的时候,太学亦多"奇文异训"。① 司马昭时代的太学仍然不可等闲视之。小皇帝曹髦亲临太学参加学术辩论,并攻击司马昭一伙的经学权威王肃,说明了他十分重视这个舆论阵地。嵇康到太学活动,受到青年学子的爱戴,仅仅靠抄古文石经显然是不可能的。

嵇康在太学活动的具体内容,已无法详考。在《嵇康集》中,有《难自然好学论》一文。从文章的内容及嵇康思想的发展逻辑看,该文应当创作于这个时期。当时,司马昭集团借儒家礼教控制士人思想,号召士人读经,有位

① 《三国志·魏书》卷二十八《钟会传》注引钟会《张夫人传》。

叫张邈的御用文人写了一篇名为《自然好学论》的文章,鼓吹学习六经是人类的自然本能,以此向司马昭献媚。针对张邈的这篇文章,嵇康写了战斗檄文《难自然好学论》。

张邈字叔辽[1],钜鹿人。生卒年及生平事迹不详。从其父张泰魏初任大鸿胪,其子张貔西晋元康时任城阳太守推算,张邈应当属于曹魏第二代官员,即年龄略长于嵇康的同辈人。从《自然好学论》的基本观点看,张叔辽应当是个玄学人物。他立论的基本观点是"名教同于自然",这个自王弼到郭象一脉相承的魏晋玄学正宗流派的哲学命题。张叔辽将这个命题延伸到读经的动机这一具体问题,得出了学习六经(名教)与人的本性(自然)一致的结论。当时,新一代知识分子已受过正始玄学的思想洗礼,正始玄学关于名教同于自然的观点已经深入人心。针对思想界的这一新特点,为了更好地为司马氏的政策作注脚,张叔辽以玄学的观点与语言写道:

"喜、怒、哀、乐、爱、恶、欲、惧,是人类生来具有的八种基本情感。比如意愿满足,高兴;受到侵犯,愤怒;生离死别,悲哀;欣赏和声,愉悦;生儿育女,心爱;违背意志,厌恶;饥肠辘辘,欲食;威胁逼迫,恐惧。上述八情无需教

---

[1] 《嵇康集》题为张辽叔,据《三国志·魏书》卷十一《邴原传》注引《冀州记》应为张叔辽。

育培养,是人类的自然本能,也叫作自然的人性。

从人类的进步历史看,自然的人性具有接受文明成果的本能。比如原始人开始不会用火,茹毛饮血以解决吃饭问题,但对于调料丰富的熟食,即使从未吃过,品尝后必觉味美,因为它适宜人类的口感。原始人高兴时,拍着肚子唱,手舞足蹈地乱跳,但对管弦乐器的伴奏,羽毛舞具的装饰,即使从未见闻,也会乐于接受,因为它们适合人类的审美本能。人性直率,八种情感,随遇而发,不可遏制。喜欢,则想予以奖赏;愤恨,则想予以处罚。如果没有具体途径去惩恶扬善,热爱之心则无从表达,厌恶之情则无从去除。在这种情感无法宣泄的条件下,如果有人倡导:以披麻戴孝,表达哀情;修筑城池,解除恐惧;制造弓箭兵器,发泄愤恨;积聚财物,用于赏赐。对这些正确疏导人类情感的积极建议,每一个心理正常的人,谁不欢欣鼓舞呢?

人类白天活动,夜晚睡觉。光明使人精神兴奋,黑暗使人精神抑制,这是自然规律,人类习以为常。在暗室内见到烛光,人们都会本能地感到欣喜;见到灿烂的阳光,更会自然趋向于光明。面对周而复始的黎明,人们总是感到欢乐。人类的蒙昧状态犹如漫漫长夜,儒家六经犹如光芒四射的太阳,使人类欢欣鼓舞。犹如阳光照亮了万物,六经使人类走出了蒙昧状态,真正认识了世界。由此可见,学习虽表现为后天人为活动,却是人性中先天具有的本能。即使人们学习六经是有目的而为之,掺杂着功名利禄的动机,也不能因此而否定人类自然好学的本性。"

不能不承认,张叔辽的《自然好学论》是一篇颇有玄学水平的文章,但是在当时的历史条件下,却具有更强的欺骗性。对那些低俗的官样文章,嵇康不会理睬,但对张叔辽的"力作",则不可等闲视之,必须予以还击,以正视听。既然"名教同于自然"的正统玄学理论已被利用为溜须拍马的工具,嵇康只能以极端的面貌出现,以"自然与名教对立"的观点立论了。事实上,在司马氏名教高压下的嵇康,的确感到了人性自然与名教的对立。因此从他所著《难自然好学论》这篇战斗檄文的字里行间,我们看到的是一位与其早期思想不同的嵇康。他站在自然立场上,以凌厉峻峭的言词激烈地抨击名教,甚至极端地全盘否定了儒家文化的价值,他这样写道:

"人民的自然本性,是喜欢安全厌恶危险,喜欢悠闲厌恶劳动,不受外物的骚扰逼迫,才能怡然自得。

在原始混沌时代,君主无礼法之文,人民无竞争之心。万物按其自然本能生存,莫不自得。饥饿了吃饭,吃饱了睡觉,拍着肚子游玩,不知这就是太平盛世。如此美好的社会,还需要知道仁义道德概念以及礼仪法律条例吗?

当上古体道的'圣人'不复存在,纯朴的社会遭到破坏之后,发明了书面文字,传达思想观点;区别万物差异,使之分门别类;创造仁义道德,控制人民思想;建立等级名分,约束人民行为;勉励学习研究,全面推行教化。因此儒家六经相继问世,诸子百家众说纷纭。读书可获荣华富贵,故人人趋之若鹜。犹如嘴馋的飞禽,偷吃园林的果实那样,贪心的俗士,违背自己的本性去皓首穷经,企图以六经为敲门砖,打开富贵之门;舞文弄墨,代替耕稼的艰辛。由此可见,人们都是因为生活所迫才去学习,学习的目的是荣华富贵。为了功利目的,逐渐培养出读书习惯。习惯又生出了爱好,看上去似乎是发于自然本性,所以得出'自然好学'的错误结论。

归根到底,六经旨在限制人的欲望,而人性却以欲望满足为乐。学习限制人的六经,遵循束缚人的礼仪法律,不符合人的自然本性。仁义道德是为了纠正不良品质而创立,不是恢复人类真性的途径;廉洁谦让是为了抑制竞争风气而提倡,不是人的自然本能。鸟兽不会自动离群要求人类的驯养,人类不会有天生愿意学习礼教的癖好。不错,口舌对甘苦,皮肤对痛痒,都会迅速作出生理反应,无须学习,生来具有,对此,我毫不怀疑它们的存在。然而,借先天具有的生理反应证明非生理反应的学习精神亦天然存在,恐怕属似是而非之论了。

如今先生以六经为准绳,以仁义为主旨,以礼法为车马,以教化为乳汁,认为遵循此道则亨通,违背此道则困厄。学习研究,视野不出六经之外;举止处事,思想限于名分之内。聚会讨论,以读经为贵。手执经书,寻章摘句,赞叹不已,佩服得五体投地,视为至理名言。因此,先生称六经像太阳,不习六经如漫漫长夜。而我视学堂为停尸房,念经为鬼话,六经为垃圾,仁义为腐臭。阅读典籍,眼睛害病;练习礼仪,变成驼背;身穿礼服,肌腱痉挛;谈论礼乐,口齿龋坏。应将礼乐文化统统抛弃,使人类恢复自然本色。先生好学不倦,无疑是一个大缺陷!

不学未必是长夜,六经未必是太阳。假设社会处于上古没有文字的黄金时代,不学习文化,照样生活幸福;不勤奋努力,照样欲望满足。为何要求助于六经、求助于仁义呢?当今的学者,难道不是先有了某种目的,然后才努力学习吗?既然学习是在理性指导下的行动,也就谈不上是人的自然本性,'自然好学论'亦无法成立。"

三、与山涛"绝交"

对嵇康近乎挑衅的放肆言行,司马氏集团采取了克

制以至拉拢的态度。原因很简单,司马昭虽然取得了胜
利,但是要巩固胜利,必须最大限度地争取士大夫的支
持。如果能"俘虏"像嵇康这样一位有影响的反对派名
士,无疑等于给自己沾满鲜血的手上戴上一双洁白的手
套,改变显得过于狰狞的形象。因此,司马氏集团一直存
在着收买嵇康的动议。① 这件事,当然由嵇康的年长好
友山涛出面最合适。

景元二年,拉拢嵇康的时机出现了——山涛由吏部
郎,高升为司马昭大将军从事中郎一职,吏部郎出现了空
缺。于是,山涛向"朝廷"推荐嵇康继任此职。②

吏部郎官阶六品,级别不算高,但是负责全国县级以
上官员的选拔任免,权力极大,是当时最重要、最受人羡
慕的"肥缺"之一。在中国古代,官阶与地位有时并不成
正比。许多二、三品高官,只是礼仪性或象征性职务。政

---

① 《嵇康集》卷二《与山巨源绝交书》:"前年从河东还,显宗、阿都说足
下议以吾自代,事虽不行,知足下故不知之。"
② 《晋书·嵇康传》:"山涛将去选官,举康自代。"《三国志·魏书》卷
二十一《王粲传》裴松之注:"案《涛行状》,涛始以景元二年除吏部
郎耳。"可见,山涛是于景元二年离开吏部郎升迁之际荐嵇康的。
关于山涛另迁何种新职,《世说新语·栖逸》注引《康别传》曰:"山
巨源为吏部郎,迁散骑常侍,举康。"但是,据《晋书·嵇康传》,山涛
"加散骑常侍"是西晋咸宁初年之事,魏后期离任尚书郎之后的官
职是"大将军从事中郎"。《晋书》的说法比较合理,因为散骑常侍
属于三品清闲高官,山涛从六品尚书郎一跃成为三品散骑常侍,显
然不合常规。

府中的闲散高官往往占很大比例,属于封建社会的政治食利阶层,他们的存在与现代西方资本食利阶层一样天经地义:既体现了社会对其奋斗成绩的报答,也为后来者树立了不劳而获的"榜样",刺激下层社会有志者为最终安逸享受而勤奋工作。然而,对那些准备有所作为,准备依靠国家权力获得超额"利润"的人来说,实权官职才是追逐的目标。山涛"高升"的那个"大将军从事中郎",官阶亦是六品,但在大将军"专政"几同皇帝的时代,以及中国古代"秘书"政治的阴影下,大将军的贴身秘书,其实权是难以估量的。三年后(264),司马昭亲征在四川造反的钟会时,山涛正是以"从事中郎"的微职,作为司马昭全权代表,负责大后方的安全①,地位远在太守之类地方行政长官之上。所以,山涛从吏部郎调任同官阶等级的从事中郎,实际上的确是升迁。

对于山涛提供的这个使世人趋之若鹜的官职,大名士予以谢绝亦是情理之中的事,然而,嵇康却又发惊人之举;他不但拒绝了山涛的邀请,而且写了一封长信,与山涛"绝交"。别人请他做官,他却与人断绝朋友关系,似乎有些不近人情。其实,嵇康早看出其中缘由,他是想借题

① 《晋书》卷四十三《山涛传》:"迁大将军从事中郎。钟会作乱于蜀,而文帝西征,时魏氏诸王公并在邺。帝谓涛曰:'西偏吾自了之,后事深以委卿。'以本官行军司马……镇邺。"

发挥,向天下表达自己的立场,发泄对司马氏的不满。多年的郁闷像火山一样爆发了,一发而不可收。鲁迅说,从水管里流出来的是水,从血管里流出来的是血。稽康的《与山巨源绝交书》,是他匠心独运、饱蘸人生甜酸苦辣而成的不朽之作。读其文,犹见稽康其人,时间已过千年,稽康的神情风采,跃然纸上,可谓"书生意气,挥斥方遒"。欲译出其神韵,几乎是做不到的,为了介绍给现代读者,只得勉强为之,但传神之处,非引用原文不可表达。大意如下:

先生曾经向您的族父山嵚介绍我的生平志向,所言极是。因此,我常常将先生引为知音。同时也奇怪,我与先生相知不多,先生从何如此了解我的心意呢?然而,前年我从河东郡回来时,听公孙崇和吕安说,先生打算推荐我继任您的官职,此事虽然没有实施,但由此而知先生并不真正了解我。您是通达之人,宽容待物,随遇而安;我却是直率而偏狭之人,无法容忍自己难以接受的事物。我们本不是一类人,只是偶然机会才成为朋友的。近来获悉先生升迁的消息,我不但不高兴,反而惶恐不安,担心先生会像庄子笔下那个羞于独自宰杀生灵的厨师,硬找祭师当替手一样,将手中的屠刀递给我,使我也被鱼肉膻腥所污染。在此,向先生详细陈述我无法接受的理由。

过去在书本上曾得知世上存在着一种极端洁身自好

的偏颇人物,我那时曾断言,这属于虚构。而现在却相信真有这样一种人物了,因为天性不堪忍受的事物,的确无法勉强顺从。众所周知,世上还存在着一种能接受一切事物的通达之人,外表与世俗不二,而内心却保持高雅的境界;顺应社会潮流,永远不会招致灾祸。老子与庄子是我精神导师,柳下惠与东方朔是公认的通达之人,他们都顺应时势,安于卑位,我怎能轻视他们呢? 孔子博爱众生,故不以从事执鞭驾车的贱业为耻;子文无高官厚禄的欲望,却三次出任宰相。可见上述君子之行为是出自造福天下的动机,即所谓官运亨通,恩及百姓而始终不渝;仕途坎坷,则怡然自得而无忧愁。从这个高度观察问题,尧舜登上帝位与许由隐居箕山,张良辅佐刘邦夺取天下与接舆狂歌劝孔子遁迹浊世,都是实践自己的理想,本质完全相同。由此可见,君子处世方式千差万别,但是殊途同归,均按自然本性生活,以心理满足为标准。所以有人"处朝廷而不出",有人"入山林而不返"。

季札敬佩子臧谦让王位的至诚美德,司马相如羡慕蔺相如舍生取义的高风亮节,可谓人各有志,无法改变。我每读东汉隐士尚子平与台孝威的传记,总是激动不已,仰慕之至,极想成为他们那样的人。因自幼丧父,母亲兄长对我百依百顺,故不读经书,加上生性粗疏懒惰,筋肉松弛懈怠,以至四体不勤。经常一月有半月不洗脸,不是闷痒得难受不肯洗澡。喜欢赖床,经常憋着小便躺在床上不起,除非尿液在膀胱中胀动难忍才肯起来。总之,放纵已久,散漫已成习惯,与礼教的规定相矛盾,而为同类所宽容,未被指责。又读老子、庄子著作,更加放达不羁,进取功名之心日益衰退,而自由放任之情更加强烈。这犹如捕获的野鹿,自幼被驯养会服从管束,而长大才被驯化,则会狂蹦乱跳,挣断绳索。即使给它戴上金质的笼头,喂它美味佳肴,也无济于事,只能使它更加思恋茂密的森林,更加向往无边的草原。

阮籍从不议论他人的过失,我很想学习他,但是做不到。阮氏性情淳朴宽厚,无害人之心,只是饮酒过量,却被礼法之士所憎,视之如仇敌,欲绳之以法,幸亏大将军力保才幸免于难。我不具备阮籍的美德,却有傲慢懒散的缺点;不懂人情世故,不善审时度势;从不小心谨慎,而有不顾忌讳尽情直言的毛病。如果长期从事政务,惹出的麻烦会与日俱增,即使主观上不想招灾惹祸,也是不可能的。况且,我深知人际交往有礼仪规范,朝廷政务有法律制度,这些礼仪与法律,我不堪忍受者有七(七不堪),而官场不能容忍我者有二(二不可),详列如下:

　　一不堪:喜欢睡懒觉晚起床,而当官必被差役传呼上朝。

二不堪：喜欢弹琴唱歌，打猎钓鱼，而当官有吏卒在旁守候，无法随意行动。

三不堪：头戴官帽，身穿官服，拜见上司，需长时间正襟危坐，腿脚麻痹也不得乱动；而我身上虱子很多，必须不停地搔痒。

四不堪：一直不善于写信，又不喜欢写信，而人际交往少不了此事，往往书信堆满几案，如果不回复，则违背了道义；如果勉强酬答，又是本性难以为之的。

五不堪：人们非常重视吊丧，而我不喜欢参加这类活动，容易被那些不能谅解的人所怨恨，以至想中伤我。虽然在恐惧的迫使下，我也感到自己不对，但是本性无法改变，即使违心地顺从世俗习惯，也难以彻底伪装掩饰，会露出马脚，最终不会平安无事。

六不堪：不喜欢俗气之人，而当官必然要与这类人共事。在官场上，宾客满座，寒暄问候、阿谀奉承不绝于耳，"鸣声聒耳，嚣尘臭处"；低眉顺眼、点头哈腰处处可见，"千变百伎，在人目前"。

七不堪：性情急躁怕麻烦，而当官偏偏要处理繁忙杂乱之公务。行政杂务，劳其心志；人情世故，穷于应付。

一不可：我否定商汤王与周武王，看不起周公

与孔子。入仕后也不会改变观点，无法被当局所
容忍。

二不可：性格刚烈，疾恶如仇，"轻肆直言，遇事
便发"。

总之，以我狭窄的心胸，处理以上九种麻烦，必定使我内
外交困，怎能在官场上长期干下去呢？又听道士讲，服食
黄精一类上药，可使人长寿，我深信不疑；"游山泽，观鱼
鸟，心甚乐之"。一旦当了官吏，均付之东流。我怎能舍
弃喜欢之事而从事畏惧之事呢？

人们之间的相互理解，贵在识别对方的天性，使其天
性得以实现。禹王不强迫伯成子高当诸侯，以成全其躲
避浊世的节操；孔子不借子夏的雨伞，是为了掩饰这位学
生吝啬的缺点。诸葛亮不强迫徐庶为蜀国效劳，华歆不
强迫管宁入仕当官，都可称之为自始至终真正理解对方。
先生知道直木不可造车轮，曲木不可作屋椽，当然不会浪
费这些天生的材料，而会使它们各得其所。士农工商各
有自己的职业，"各以得志为乐"，唯有通达之人，才能兼
备，即类似先生这样的人。不能自己喜欢礼帽，就强迫习
惯断发纹身的越人也戴上彩色帽子；不能自己喜欢腐臭
食品，就用死老鼠喂高贵的鹓雏鸟。我倾心于养生之术，
已决心摈弃荣华富贵、美味佳肴，清心寡欲，"游心于寂

窦,以无为为贵"。即使没有"七不堪"与"二不可"这九种麻烦,也对先生的爱好不感兴趣。另外,又患心闷病,前些日子症状加重,更难忍受自己不喜欢的事物。我已经做出了选择:即使一生穷困潦倒、无路可走,也是我自己的私事,先生不要无缘无故地逼我当官,使我陷入绝境而死无葬身之地。

我的母亲和兄长刚刚去世不久,我时常沉浸在对亲人的哀思中。女儿十三岁,儿子八岁,都还未长大成人,而我又体弱多病。每想到这一切,内心十分伤感,难以付诸言表。如今最大的心愿是"顾守陋巷,教养子孙。时与亲旧叙阔,陈说平生。浊酒一杯,弹琴一曲,志愿毕矣"。先生缠着我不放,无非是为了找个称职的官员,替朝廷效力,而先生过去就知道我是个粗疏潦倒、不切实际的人,我同样自知与时贤不可同日而语。世俗之人对荣华富贵趋之若鹜,而我却以远远躲开为乐。那种无所不通、无所不能的高才贤士,才是选拔官员所应重视的对象。像我这类困厄多病,企图遁世自保、安度余生的人,天生就不是做官的材料。我不是自命清高,犹如宦官的生理缺陷使其不好女色而不能称之为品德贞洁一样。如果先生为了急于拉我入官场而不择手段地逼迫,我一定会急得精神失常,发疯癫狂。我们之间并无深仇大恨,不至于如此吧。

有位衣不遮体的农夫,感到春天太阳晒脊背舒适无比,准备将其经验献给皇帝以获重赏,遭到了妻子的讪笑;有位食不果腹的贫民,感到野芹菜美味无比,献给乡里富人品尝,结果却遭到抱怨。① 这些孤陋寡闻之人,虽然用心诚恳,但毕竟太过离谱,但愿先生不要像他们一样。

以上陈述是我的真实志向,以此谢绝先生的荐举,同时也与先生断绝朋友关系。

正在紧锣密鼓演奏禅代序曲的司马昭,政治神经无疑处于高度敏感状态,稽康指桑骂槐的《绝交书》恰恰触动了他的痛处,使这位力图保持宽容形象的"大将军"震怒②,暗暗动了杀机。关于司马昭的心理变化,鲁迅的剖析最为深刻:"但最引起许多人的注意,而且于生命有危险的,是《与山巨源绝交书》中的'非汤武而薄周孔'。司马懿(应为司马昭)因这篇文章,就将稽康杀了。非薄了汤武周孔,在现时代是不要紧的,但在当时却关系非小。汤武是以武定天下的;周公是辅成王的;孔子是祖述尧舜,而尧舜是禅让天下的。稽康都说不好,那么,教司马

---

① 详见《列子·杨朱篇》。
② 《三国志·魏书》卷二十一《王粲传》注引《魏氏春秋》:"康答书拒绝,因自说不堪流俗,而非薄汤、武,大将军闻而怒焉。"

懿篡位的时候,怎么办才是好呢？没有办法。在这一点上,嵇康于司马氏的办事上有了直接的影响,因此就非死不可了。"①

① 鲁迅《而已集·魏晋风度及文章与药及酒之关系》。

第六章
寂　灭

一、吕安案

　　嵇康的四处活动和不敬言论,虽然还并不构成对司马氏"禅代"的威胁,却也是一个不大不小的绊脚石。要"清洁王道",当然要扫除它。嵇康此时已是天下皆知的大名士,已不能像对待默默无闻的小民那样,暗暗处死了事。按钟会的话说,要"因衅除之"①,译成现代汉语,就是找个堂而皇之的借口,正大光明地杀掉他。这个借口终于在一年之后找到了。这就是千古奇冤的"吕安不孝案"。

　　吕安字仲悌,小名阿都,东平人,是曹魏二品镇北将

────────────

① 《晋书·嵇康传》。

军兼冀州刺史吕昭的二公子。① 天性不羁，"有拔俗风气"②，与嵇康情投意合，成为挚友。吕安因"不孝罪"劣迹而被史家故意摒于竹林七贤之外，但事实上，他与向秀才是嵇康始终不渝的追随者。各种史书都记载，每当吕安思念嵇康之时，无论路途多么遥远，都立刻启程前往。"每一相思，辄千里命驾。"他与嵇康、向秀经常一起在山阳灌园、打铁、饮酒、清谈。兴致大发时，便一同远足郊野，随意漫游："或率尔相携，观原野，极游浪之势，亦不计远近，或经日乃归。"③与向秀相比，吕安与嵇康的世界观更为接近。向秀喜欢读书，曾同时受到嵇康、吕安二人的嗤笑。④ 总之，吕安是一个十分强调个性自由的人物。

吕安与嵇康两人均是司马昭的政治反对派，而双方的哥哥，都属于"礼法之士"，都是司马昭的追随者。吕安之兄吕巽（字长悌），是司马昭的掾属；嵇康的兄长嵇喜（字公穆），官至扬州刺史。吕氏兄弟与嵇氏兄弟之间，本

① 吕昭字子展，生卒年不详，魏明帝后期曾任镇北将军，其后不见记载。据嵇康出面调停其家庭矛盾，以及嵇康《与吕长悌绝交书》中"以子父交为誓"的说法，吕昭大概在吕安案前已经去世。
② 《世说新语·简傲》注引《晋阳秋》。
③ 《太平御览》四百九十引《向秀别传》。
④ 《世说新语·文学》注引《向秀别传》："秀与嵇康、吕安为友，趣舍不同。康傲世不羁，安放逸迈俗，而秀雅好读书，二子颇以此嗤之。"

来都是好朋友。嵇康先与吕巽为友，尔后才结识了其弟吕安。物以类聚，人以群分，嵇康与吕安反而成为好朋友，与吕巽则逐渐疏远了。吕安对嵇氏兄弟，更是区别对待。据《世说新语·简傲》记载的传闻，某次吕安拜访嵇康，逢其不在家，嵇喜出门欢迎，而吕安拒不入内，在门上题"鳳"字而去。嵇喜非常高兴，殊不知"鳳"字拆开，乃是"凡鸟"二字的组合。

吕安的妻子徐氏天生丽质，楚楚动人。吕巽春心不死，一直打这位弟媳的主意，终于寻机设法将她灌醉后奸污。后来东窗事发，吕安十分愤怒，将揭露吕巽并休妻的打算告诉嵇康，征求他的意见。嵇康认为，家丑不可外扬，事情既然已经发生了，就不该进一步扩大，搞得家破人亡，而是应把此事压下，由家族内部解决。经调停，双方同意了嵇康的解决方案：吕巽以父亲在天之灵发誓，不再发生此类事情，并且决不仗势迫害吕安；吕安也不将此事披露。一场风波表面上平息了。

从嵇康解决方案看，吕巽似乎也抓住了吕安的某些把柄，大概是"不孝"或反政府言论之类事情。当时，吕巽是司马昭眼中的大红人，正在得宠，如果他死不承认，反咬一口，不但告不倒他，反而惹出一系列麻烦。嵇康对司马昭集团的"公平"是深表怀疑的。他的处理方法，以保护朋友的生命安全为主要目的。①

　　嵇康和吕安骨子里都是老实人,对吕巽的誓言信以为真了。吕巽却感到有随时被揭露的危险。为了消灭隐患,他恶人先告状,诬告吕安在家不孝,打母亲。这个罪名,在当时是死罪。《魏律》的具体规定已不可详考,但是"打母亲",即使不归于"恶逆",也应归于"不孝",都是不赦的十恶重罪之一,况且是处于"以孝治天下"的司马昭时代,处罚将更为严厉。吕安虽然是高级官员的子弟,如犯一般罪,会受特权保护,但是十恶重罪不受"八议"的庇护②,况且他又是嵇康的同伙,于是,被立刻逮捕,生命危在旦夕。

　　嵇康得到吕安被捕的消息,十分震惊,因为他无论如何也想不到吕巽竟然如此无耻。悲愤之中,他写了《与吕长悌绝交书》一信。在这封信中,嵇康回顾了他与吕氏家族一起了结那场风波的过程,对吕巽出尔反尔、背信弃义的行为进行了谴责。吕安因为相信自己的分析与承诺,才饶恕了这个人面兽心的哥哥,而如今却身陷囹圄,因真诚善良而付出了如此沉重的代价。嵇康指出:"我对不起

----

① 嵇康《与吕长悌绝交书》:"吾深抑之,亦自恃。每谓足下不得迫之,故从吾言,间令足下因其顺吾,与之亲。盖惜足下门户,欲令彼此无恙也。又足下许吾终不击都,以子父交为誓,吾乃慨然感足下重言,慰解都,都遂释然,不复兴意。"
② 八议:中国封建刑律对权贵及其子弟在审判上的特殊照顾制度。

吕安,是由于相信了你吕巽的誓言;你对不起我,故郑重宣布与你断绝朋友关系。"稽康虽然愤怒到了极点,但仍保持君子风度。"绝交不说丑话,到此为止。"

　　写完给吕巽的绝交书后,稽康所能做的,就是去为吕安辩诬了。当时,吕安可能已向政府披露了事件的内幕,也提出了稽康可以作证云云,但他已失去了人身自由,在狱中的喊冤声是很容易被人为隔绝的。作为朋友和证人,稽康必须挺身而出,伸张正义。他向司法当局申诉去了,殊不知等待着他的却是一个精心编织好的网罗。

　　得到稽康到监狱向当局申诉的消息后,司马昭集团举行紧急会议讨论对策。① 此时,钟会已升任"司隶校尉"一职,是首都及所辖各郡的最高行政长官,权力极大。吕安案亦是在他管辖之下。稽康当年的无礼态度,他一直耿耿于怀。稽康这次自投罗网,于公于私,都是一个复仇的机会。所以在最高当局的"庭议"会上,钟会作了恶毒的发言:如今天下太平,形势大好,穷乡僻壤无刁民,街头巷尾无流言,全国上下,同心同德,而唯独稽康貌视政府,不肯称臣,起了伤风败俗的作用。当年太公杀华士,孔子杀少正卯,就是因为这类人物以其才能,迷惑百姓,扰乱视听,"今不诛康,无以清洁王道"。另外,钟会又以

---

① 《世说新语·雅量》注引《文士传》:"吕安罹事,康诣狱以明之。钟会庭论康曰……"

其公认的人物鉴识专家身份私下对司马昭说：嵇康是当年诸葛亮式的"卧龙"人物，如不及时除掉，将来会惹大祸。[1]

在钟会的劝说下，司马昭同意将前往监狱为吕安申冤的嵇康一并收监。理由很简单：吕安是不孝的罪犯，替罪犯作伪证，与该犯同罪。

二、狱 中 反 省

司马昭的监狱虽谈不上文明，但对于大名士嵇康已经算是很客气了。从嵇康的《幽愤诗》看，当局并没有对他实施刑讯逼供，而这对任何一个普通罪犯来说，都是天经地义的事。看来，司马昭、钟会还是懂得尊重名士的，如果没有他们的关照，恐怕嵇康的《幽愤诗》将用另一类词汇来写了。尽管已经得到优待，但是下级狱卒无休止

---

[1] 钟会以善于鉴别人物闻名于世，司马氏十分相信钟会的这种鉴别能力，经常派他去品评"危险人物"的才性，以作决策。例如《三国志·夏侯玄传》注引《魏氏春秋》载，许允因参与夏侯玄政变被杀后，钟会被派去鉴别许允的两个儿子是否有才，是否将来会构成隐患："景王遣钟会看之，若才艺及父，当收。"又如高贵乡公登帝位后，司马氏问钟会对新皇帝才干的评价时，钟会说："才同陈思，武类太祖。"(《三国志·三少帝纪》注引《魏氏春秋》)。据《晋书·嵇康传》载，钟会对司马昭说："嵇康，卧龙也，不可起；公无忧天下，顾以嵇康为虑耳。"

的粗俗审讯,仍使这位心气甚高的哲人感到莫大的耻辱,精神十分沮丧。他这样写道:"理弊患结,卒致图圄。对答鄙讯,絷此幽阻。实耻讼冤,时不我与。虽曰义直,神辱志沮。"

长期关押的精神孤独以及时时刻刻生活在死亡的阴影之下,即使十分坚强的人,其精神世界怯懦的层面也很容易凸显出来。嵇康不是那种理想中超越生死、物我两忘的"至人",因而,他似乎没有像在狱外那样坚强了,至少在其思想深层,开始动摇了。他冷静地回顾了自己的一生,对后来出山激烈介入反抗司马昭的斗争表示后悔。他在《幽愤诗》中写道:"昔惭柳下,今愧孙登。"后悔自己没能做一个柳下惠、孙登那样的真正隐士,尤其对孙登"保其光耀"的临行叮咛,没有付诸行动,才落得今日可悲下场。一旦有机会出狱,再度获得自由之时,一定要加倍珍惜它,"顺时而动,得意无忧",彻底离开人间的争斗,做一个地地道道的山林隐士。"庶勖将来,无馨无臭。采薇山阿,散发岩岫。永啸长吟,颐性养寿。"

嵇康的《幽愤诗》格调低沉,字里行间渗透着失败主义的情绪,与其《难自然好学论》《与山巨源绝交书》的激扬文字相比,若出自二人之手。明代哲学家李贽在其读后感中写道:"嵇康诗中多自责之词。为朋友与正义事业而死,死得其所。像嵇康这样的义士,一定会快乐地献出自己的生命,不可能为此而后悔,诗中的怯懦言词,系后人所妄加。"①李贽的这段文字大概写在他本人晚年下狱之前,由于缺乏面对死亡威胁的亲身体验,故能发表如此理想主义的高论。动摇不等于投降。嵇康虽然没有投降,但其内心的确动摇了,后悔了。因为他激烈的反传统形象是不得已而为之,并不是他的本愿,《诫子书》就是明证。

《诫子书》是魏晋时期思想遗嘱性质的文章。许多文人往往将一生感受最深,认为安身立命最为重要的经验写下来,供儿孙参考,以便用较小的代价获得人生幸福。人们在公开场合未必讲实话,但是决不会写文章故意欺骗自己的儿子,所以《诫子书》的内容,往往为肺腑之言。嵇康为儿子所设计的处世方针,与他本人"越名教而任自然"的旷达形象大相径庭,而是一个地地道道的名教模范。从确立志向、语言行为到待人接物等,嵇康都为儿子作了详细规定,像一个迂腐的经师在向学生灌输儒家的教条;又像一个极圆滑的世故老人,向后代传授庸俗的生存秘诀。请看其中要义:

---

① 戴明扬《嵇康集校注》卷一《幽愤诗》引李贽《焚书》:"是故轻其身,乐义而忘死,则此死固康之所快也……余谓叔夜何如人也,归终奏《广陵散》,必无此纷纭自责、错谬幸生之贱态,或好事者增饰其间耳。"

首先,要有远大的志向。

如果没有远大的理想并为之奋斗,也就不存在真正意义上的人生。因而立志是非常重要的。志向一旦确立,就要作为一生的誓约,言行一致,表里如一,始终不渝地为其实现而努力。如果意志薄弱,很容易在外物与内欲的牵累下,被眼前的利害所惑,难以自我克制而在是否坚持原定志向问题上陷入思想矛盾:是继续艰难前行呢?还是另辟蹊径呢?斗争的结果,往往是现实情欲占上风,远大的理想半途而废,甚至功亏一篑。

没有坚定的理想信念,进攻则不前,防守则崩溃;制定誓约会违背,策划计谋会泄密;快乐则纵情极欲,安逸则丧失斗志。虽繁花似锦,却不结硕果;终年忙碌,却无一成功。君子常常为此而叹息。

申包胥为请秦王发救兵,痛哭七日不止;伯夷叔齐两兄弟隐居首阳山,不食周粟而死;柳下惠守信用,不肯为鲁侯作伪证;苏武牧羊十九年,坚守汉使的节操。这些忠臣烈士堪称理想主义的典范。由于远大的志向已成为他们的生命中不可分割的一部分,以至感觉不到是在有意坚持;自然而然,始终不渝,这才是为理想奋斗的最高境界。

再者,实现自己的志向,要在以下几个方面谨慎行事:

其一，为官谨慎。

身为下级官吏，对长官既要恭敬，又要保持距离，不可过于亲密，不宜频繁去上司府邸。不得不去时，则应掌握合适的时间。如上司家中有许多客人，不可最后离开，更不可留宿。之所以这样做，是因为长官喜欢打听外界事情，不免要惩治违法乱纪者，如常去长官家并留宿，在社会眼里，便是长官的亲信，当事人会误认是你告密所致，永远不会解释清楚。如果谨慎行事，与长官保持距离，就不会被人误解了。

为官应清廉并远离世俗纠纷。如果有人遇到麻烦，托人求你帮忙，应当以谦和态度，婉言谢绝：自己从不参与这类事务，请对方原谅。如果请求者的确蒙受了大冤，自己又不忍心不管，可以表面上拒绝，暗中为其帮忙。这样做，上可以防止亲戚朋友的请托，中可以杜绝世俗小人的非分之想，下可以保全自己清正廉洁的名声。

在做事之前，应先考虑其合理性与可行性。一旦确定了处理方案，而有人提出异议，要求改变时，应让他讲出理由。如果他讲得十分合理，不可为了脸面而不改，应当自我修正；如果对方讲不出充分理由，以人情来劝说，那么不论他说什么，也不可改变初衷，以原则作感情交易。

其二，理财谨慎。

处世不可过于清高,对极端穷困需要赈济的人,当然要见义勇为,慷慨解囊。但是,有人向你主动要求接济,则应细细考虑。如果使自己财产损失太多,而解人之危的"救危"意义不大,要权衡利弊以后予以拒绝。即使对方低声下气地反复求情,也决不犹豫。然而,一般情况下,他人前来请求帮助,是因为我有他无,故应尽量满足人家的要求。但是为了面子或沽名钓誉而轻率地耗尽财物以至自己破产,不是有志气的表现。

其三,语言谨慎。

语言是君子生死祸福的关键所在。话一出口,外界必然产生反应,不可不谨慎对待。对自己不十分了解而想发表意见的事情,应当惧怕会讲错话,一定要忍住不发。每每事过之后就会发现,当时没有发言,无论对错,都是最明智的选择,会安然无恙。

世俗小人中间,好事传播慢,坏事传播快。议论他人的过失,也是一般人的通病。所以在人群中闲聊,话题高雅者不多,往往是些大同小异的传闻轶事。对此,应当不予理睬,不予附和,平静处之,不说有悖道义的话,这是趋吉避凶的方法。

当人们争论起来,自己不知孰是孰非时,更不可随便参与。在一边默默观看,是非曲直自会显现。有些争论,双方观点各有某些正确的或错误的因素,不值得予以评说,应当自始至终不表态。有人询问你的意见时,可以用不了解这个问题加以推辞,对其他旁观者所发表的看法也应持这种态度。

如果争论发生在酒宴上,双方越吵越凶而且没有缓解的迹象,说明激烈的争斗即将发生,坐在近旁观看,是非曲直明显可见,此时就不能不发言,而一旦发言,必要肯定一方,被否定的另一方自认正确,一定会认为你徇私情,故意偏袒对手,而产生怨恨之情。另外,如果坐在争论者近旁观看,听到那种公然荒谬的议论时,很容易卷入争论,而这种好心参与并不能平息争论,是毫无意义的。所以,遇到激烈的争论,一定要远远离开。一般情况下,激烈争吵者大都属于小人之类,即使有是非曲直,也是半斤八两,取胜也没什么价值,不必认真对待。应当以佯装醉酒不发言为上策。如果你思想上有所倾向,辩论者有所察觉,一定让你表态,则要守口如瓶,决不发言。有时他们会以世俗之情来激你表态,此时千万不可害怕被人耻笑"胆怯""虚伪"而上这些小人激将法的圈套,将自己的真实看法托出,而应当坚持沉默,这才是真正有志气。

其四,交往谨慎。

除老朋友、邻居或贤人之外,对其他人的邀请,应当一律找借口推辞掉。要习惯过清心寡欲的生活,不羡慕荣华富贵。不是迫不得已的急事,不求助于人,就是上等美德。

　　不要在小事上表现得过于谦恭,而要在大事上谦恭;不要计较小节,而要注重大节操。比如,为国家利益让出自己应得的官位,为正义事业献出自己生存的机会。像孔融那样愿为哥哥牺牲生命①,才是忠臣烈士的节操。

　　每个人都有可公开的情操和不可公开的隐私,千万不可打听议论别人的隐私。如果有人知道你掌握了他的隐私,一定会忌恨你。虽知其隐私而永远不说,就等于不知道。若见几个人凑在一起窃窃私语,应立刻设法离开,以免偷听的嫌疑。有时人们会强迫你与其一起议论。如果所言邪恶凶险,应当严肃地以公理予以纠正。为什么这样做呢?因为一方面君子不能容许这类恶劣言论畅行无阻,另一方面一旦事情败露,他会供出你过去就了解他所说的"秘密",所以应严加提防。私人之间谈话,往往无所不及,应当时常留心,及时躲开。偶然知道某人隐私是个沉重的负担。因为有时无法苟同其行为,如不苟同,对方则担心事情泄露而企图害人灭口。如果有人背后讥笑朋友的缺点,千万不可呼应,也不可凛然如冰,仅仅不说话而已。失去了共同的话题,轻浮的玩笑也会自行中止。

---

① 据《后汉书·孔融传》,孔融 16 岁时,被宦官追捕的汉末清流张俭投奔孔融之兄而来,恰逢其兄不在家。孔融自主将张俭留宿掩护,后东窗事发,兄弟两人被捕入狱,争相抵罪。最后朝廷处死了其兄,而孔融由此显名。

　　只要不是自己管辖的部下,相互间没有利益关系,一起喝杯酒,互赠小礼物,是人类联络感情的途径,不要迂腐地一概拒绝。但是仅此而已。除世交挚友以外,他人馈赠的车马锦帛之类贵重礼物,应当一律拒绝接受。一般人都是重利轻义的,主动献出财物,必然是有目的而为之,以今日之损失,换取他日更多的报答。对此,小人乐于为之,君子深恶痛绝。

　　慎饮酒,不要坚持劝人饮酒,人家不喝就主动放弃。如果别人来劝你饮酒,不要断然拒绝,礼貌地持杯装出喝酒的样子即可,感到醉醺醺时便决不再喝,千万不可喝到烂醉不能自我控制的地步。

　　凡违背社会一般准则行事的人物,无论表面上活得如何潇洒自然,实际上,往往吃尽了苦头,所以他们中很少有人愿意后代像自己一样生活,就连有责任感的匪徒盗贼,也是力图让子女受良好教育,成为社会公认的优秀公民。对许多人来说,走上与社会相对抗之路是各种条件所迫,不得已而为之的。像嵇康这类深受传统文化影响的官宦子弟,更是如此。对此,鲁迅的分析仍是无以复加的:"凡人们的言论,思想,行为,倘若自己以为不错的,就愿意天下的别人,自己的朋友都这样做。但嵇康阮籍不这样,不愿意别人来模仿他。竹林七贤中有阮咸,是阮籍的侄子,一样的饮酒。阮籍的儿子阮浑也愿加入时,阮籍却道不必加入,吾家已有阿咸在,够了。假若阮籍自以为行为是对的,就不当拒绝他的儿子,而阮籍却拒绝自己的儿子,可知阮籍并不以他自己的办法为然。至于嵇康,一看他的《绝交书》,就知道他的态度很骄傲……但我看他做给他的儿子看的《家诫》——当嵇康被杀时,其子方十岁,算来当他做这篇文章的时候,他的儿子是未满十岁的——就觉得宛然是两个人。他在《家诫》中教他的儿子做人要小心,还有一条一条的教训……我们就此看来,实在觉得很希奇:嵇康是那样高傲的人,而他教子就要他这样庸碌。因此我们知道,嵇康自己对于他自己的举动也是不满足的。所以批评一个人的言行实在难,社会上对于儿子不像父亲,称为'不肖',以为是坏事,殊不知世上正有不愿意他的儿子像自己的父亲哩。试看阮籍嵇康,就是如此。这是,因为他们生于乱世,不得已,才有这样的行为,并非他们的本态。但又于此可见魏晋的破坏礼教者,实在是相信礼教到固执之极的。"

三、《广陵散》绝响

嵇康被捕入狱的消息传开后,在洛阳社会各界引起了不小的震动。几千太学生集体向政府上书请愿,要求释放嵇康,让他到太学任博士(教授)。另有许多知名人士自动陪嵇康入狱,向当局施加压力。在政府许诺释放的哄骗下,太学生与名士们纷纷离去了。① 在当时的形势下,太学生与名流的这种举动无疑直接促成了嵇康的死。

平心而论,司马昭并不是一个嗜血成性的暴君。与其父兄司马懿、司马师相比,他是个比较温和的人物。比如当得知高平陵政变即将发动时,司马师泰然自若,而他却惶恐不安;②杀害夏侯玄时,他流涕向司马师求情;平定诸葛诞兵变后,有人建议像司马懿当年屠杀辽东七千士兵那样,将吴国增援诸葛诞的二万降卒全部活埋掉,以消除敌方的战争实力,亦被他断然拒绝。③ 司马昭准备伪装出"王师"的仁德形象以取信天下。当然,这绝不意味着司马昭不杀人。历史已将他推到了实际上的皇帝地位,哪个皇帝不杀人? 如果有人危及他的统治时,没有片刻的犹豫就会使对方倒在血泊中。太学生与名流的请愿,表明嵇康在社会上有强大的政治影响,已成为反对派

———————————

① 《世说新语·雅量》注引王隐《晋书》:"康之下狱,太学生数千人请免。于时豪俊皆随康入狱。悉解喻,一时散遣。"

② 《晋书·景帝纪》:"宣帝之将诛曹爽……(景)帝寝如常,而文帝不能安席。"

③ 《晋书·文帝纪》:"或言吴兵必不为用,请坑之。帝曰:'就令亡还,适见中国之弘耳。'"

精神上的一面旗帜。因此,司马昭决心斩断这面旗帜,给心怀二意的士大夫留下一个血的教训。

关于导致嵇康被杀的直接原因,干宝《晋纪》记载为:司马昭开始将吕安流放到辽东做苦役。在赴辽东途中,吕安写了一封信给嵇康。信中对司马氏进行了影射攻击,并暗示要造反云云,惹怒了司马昭,于是才将吕安与嵇康一起处决。[①] 而据嵇康之子嵇绍解释,该信不是吕安写给嵇康的,而是赵至写给从兄嵇茂齐的。[②]《晋书·赵至传》全文收录了这封信,观点与嵇绍相同。对上述两种不同记载,历代史家争论不休,难定一是。笔者相信嵇绍的说法,以为杀吕安、嵇康的过程,不会费如此周折,不孝罪已足够。

刑场设在洛阳东市,在市场上杀人,是古代的惯例,称之为"弃市",意指被世人所抛弃。景元三年(262)某天[③],嵇康与吕安被押到洛阳东市准备执行死刑。虽然

---

① 《文选·思旧赋》李善注引干宝《晋纪》:"太祖遂徙安边郡,遗书与康'昔李叟入秦,及关而叹'云云。太祖恶之,追收下狱,康理之,俱死。"

② 《文选·与嵇生书》李善注引《嵇绍集》。

③ 侯外庐认为:"山涛以景元二年始除吏部郎,而钟会作司隶,尽于景元三年冬,此后,会为镇西将军假节都督关中军事。嵇康被诛,在山涛为选官与钟会为司隶之时,则必在景元二年至三年冬的一段时间中。"(侯外庐《中国思想通史》第三卷,人民出版社1957年版,第160页)

在狱中关押期间嵇康的思想痛苦地动摇过，但他是不会屈服的，尤其在面对死亡的时刻，表现得非常从容，非常勇敢。大概是优待名士，嵇康似乎没有被捆绑，行动比较自由。他首先久久地恋恋不舍地仔细欣赏着自己在阳光照耀下的影子。太阳每天都会升起，而阳光下的这一个不可替代的身影，将永远消失了，再看最后一眼。少顷，他向围观人群中的哥哥嵇喜索取心爱的琴。嵇喜已将琴带到了现场。嵇康接过琴，席地而坐，弹起了千古绝唱《广陵散》。

《广陵散》是一首著名的表现力相当丰富的大型古琴曲，该曲乐谱一直流传至今。关于《广陵散》所表达的内容，各家说法不尽相同，但都与战国侠士聂政行刺复仇的传说有关。（一）"聂政刺韩王"说：聂政的父亲被韩王杀害。聂政混入宫中行刺失败后，到太山向仙人学琴七年，成一代琴师。他利用到宫中为韩王演奏之机，从琴中抽刀刺杀了韩王。为不连累母亲，毁形自杀。其母抚尸向众人哭诉聂政报仇之义举后，亦悲愤而死。（二）"聂政刺韩相"说：聂政为严仲子刺杀了韩国宰相侠累，然后毁形自杀，其姐为披露弟弟的义举，哭尸于刑场（市场），悲愤而死。[1] 近人杨宗稷按古谱指法演奏该曲后，谈自己

---

[1] 详见戴明扬《嵇康集校注·附录·广陵散考》。

的体验时说:"今按谱弹之,觉指下一片金革杀伐激刺之声,令人惊心动魄,忘其为琴曲。"①现代音乐史专家对该曲的研究十分细致,认为:

> 《广陵散》的旋律显得非常丰富多变,感情起伏也较大。正如北宋《琴苑要录·止息序》所说,它在表达"怨恨凄感"的地方,曲调幽怨悲凉;在表达"怫郁慷慨"的地方,又有雷霆风雨、"戈矛纵横"的气势,例如"正声"部分的"徇物第八""冲冠第九""长虹第十",就集中显示了这一特色。《徇物》段以清越徐缓的旋律,反复吟叹,并伴以离调手法,传达出一种沉思而略带激动的情绪,描写聂政决心为父报仇的内心活动。接下去的《冲冠》,由前段的 C 宫调转入同宫系统的羽调式,曲调保持在高音区,速度较快,情绪悲愤激越,预示出一场搏斗即将来临。自《长虹》而下,速度越来越快,并运用"拨刺锁"的特殊技法,以强烈的节奏进行,造成戈矛杀伐的气势,突出表现了聂政的英勇斗争精神。②

---

① 夏野《中国古代音乐史简编》引《琴镜续·广陵散谱后记》。
② 夏野《中国古代音乐史简编》,上海音乐出版社 1989 年 2 月版,第54 页。

嵇康酷爱这首琴曲,除它能综合各种技巧,可表现复杂情感之外,其反抗复仇的思想主题也是不可忽视的。后人还指出,义士聂政刺杀韩国宰相的内容,寄寓了嵇康对魏朝"宰相"司马昭的深仇大恨。

在刑场上,嵇康旁若无人,弹得非常投入。技巧炉火纯青,感情淋漓尽致。他将自己生命最后的活力融入琴声中,那一生的悲哀与欢乐、成功与失败,那永远无法实现的理想,都随着琴声迸发、荡漾、消散。曲终琴息。一切情感都宣泄了,仅仅剩下了唯一的遗憾:"过去袁孝尼要求跟我学《广陵散》,我没有教他,从今以后《广陵散》恐怕要失传了,可惜。"这是嵇康留给世界的最后一句话。竟然,他此刻关心的是音乐,已经忘了自己。

行刑时间到了,嵇康从容伸颈。刽子手屠刀起落,一颗头颅落地,嵇康解脱了,彻底地解脱了。在场的活人都会衰老,而嵇康却永远不会变老,在千秋万代的历史记忆中,永远是 39 岁。

尾　声

"时间永是流驶,街市依旧太平,有限的几个生命,在中国是不算什么的。"①嵇康的死对当时社会的意义,的确"很寥寥",犹如平静的水中投进一个小石子,泛起一道涟漪,一时成为街头巷尾的话题。而涟漪终究会散去,消失得无影无踪,人们也会很快忘掉新闻,恢复往日的平静。中国本来就少有敢哭抚叛徒的吊客。那些曾为嵇康出狱而上书的名士或许会在暗处扼腕叹息,但决不敢再站出来以身试法了。"造化又常常为庸人设计,以时间的流驶,来洗涤旧迹,仅使留下淡红的血色和微漠的悲哀。在这淡红的血色和微漠的悲哀中,又给人暂得偷生,维持着这似人非人的世界。"②况且两年后魏晋禅代,大晋龙兴,社会已沉浸在万世太平的美梦中。那位企图阻碍新王朝历史车轮前进而自蹈死地的书生,很快就在社会的记忆中消失了。陶渊明的《挽歌》写得好:"亲戚或余悲,他人亦已歌。死去何所道,托体同山阿。"③

当时,真正时时想起嵇康的无疑是他的妻子儿女,他们永远无法忘记自己的丈夫、父亲。其次是竹林时代的知心朋友。阮籍于嵇康被杀的第二年抑郁而死。向秀被迫入仕前,探望了嵇康旧居,写下了《思旧赋》。若干年后,王戎当了晋朝的大官,路过嵇康旧居附近的

① 鲁迅《华盖集续编·纪念刘和珍君》。
② 鲁迅《华盖集续编·纪念刘和珍君》。
③ 《陶渊明集》卷四《拟挽歌辞三首》。

黄公酒庐时,仍十分伤感地对同行者回忆了过去和诸
位名士在此度过的美好时光。如今旧地重游,遗迹犹
在,而当年的朋友,已经生死两茫茫了。"今视此虽近,
邈若山河。"①山涛对嵇康的关心,则表现在对其儿子的
重用上。虽然嵇康曾写信与山涛"断交",其实嵇康仍视
山涛为可信赖的朋友,他临死前曾对儿子嵇绍说,自己死
后,山涛会照顾他的。② 十八年后,在山涛的力荐下,嵇
绍进入仕途,步步高升,最后竟然为保卫晋朝的皇帝而战
死沙场。③

嵇康这个名字再次引起中国社会的关注,是从 50 多
年后东晋初期开始的。在江左名士的一片赞誉声中,嵇
康的地位迅速提高,几乎成了那个时代的精神偶像。其
中缘由,是相当复杂的。总之,在社会动荡与价值失落的

① 《世说新语·伤逝》。
② 《白氏六帖·事类集》卷六:"山涛与嵇康为忘年之交。康临终谓子
绍曰:'山公尚在,汝不孤矣。'"
③ 据《晋书·嵇绍传》山涛以"父子罪不相及"为理由向晋武帝推荐嵇
绍为秘书郎,晋武帝却认为,按山涛的评价,应直接任秘书丞。故
嵇绍仕途起步即为秘书丞。父亲被政府所杀,儿子按道义不应接
受政府官位。据《世说新语·政事》,山涛为嵇绍入仕寻找的理论
依据为:天地四季都在不断变化,人亦应随时而变,不可迂腐。
"为君思之久矣,天地四时,犹有消息,而况人乎?"据《晋书·嵇绍
传》,八王之乱中的荡阴战役中,当叛军杀至御车前时,百官及侍卫
莫不溃散,只有身为侍中的嵇绍"俨然端冕,以身捍卫。兵交御辇,
飞箭雨集,绍遂被害于帝侧,血溅御服,天子深哀叹之。及事定,左
右欲浣衣,帝曰:'此嵇侍中血,勿去。'"

新形势下,士大夫开始以自己的人生经验,从不同侧面认识嵇康。辨名析理的哲人喜欢他的思辨论文,放达不羁的名士欣赏他真率自然的人格,文学艺术家赞美他的诗文与琴技。而真正使人们所敬仰的,恐怕还是嵇康视死如归的殉道精神。这种精神是两晋南北朝士大夫所缺乏的品质①,而人类追求正义之心并不可能彻底泯灭,所以对那些以生命实践"主义"的理想主义者,人们都会超越阶级、民族、信仰与时空的差异而肃然起敬。这是嵇康永远为后人敬仰的奥秘所在。

自东晋到现代,纪念嵇康的赞美诗文多得不胜枚举,但是细细看起来,总觉得有些空洞,桂冠多而情感少。写得最好的,还是最早的那篇写得模模糊糊的文章,即向秀所著《思旧赋》。鲁迅曾说:"年青时读向子期《思旧赋》,很怪他为什么只有寥寥的几行,刚开头却又煞了尾。"②后来,"民国"的子弹使他终于懂了。细读《思旧赋》,在那躲躲闪闪的文字后面,可以感到一种近乎心死

---

① 鲁迅《而已集·魏晋风度及文章与药及酒之关系》:"正始名士和竹林名士的精神灭后,敢于师心使气的作家也没有了。到东晋,风气变了,社会思想平静得多……再至晋末,乱也看惯了,篡也看惯了,文章便更和平……汉魏晋相沿,时代不远,变迁极多,既经见惯,就没有大感触,陶潜之比孔融嵇康和平,是当然的。例如,看北朝的墓志,官位升进,往往详细写着,再仔细一看,他是已经经历过两三个朝代了,但当时似乎并不为奇。"
② 鲁迅《南腔北调集·为了忘却的纪念》。

的悲哀。它比哭泣更强烈,更震撼。

嵇康被杀后,向秀被本郡推荐去京城入仕。司马昭接见了他,挑逗性地发问:"听说你决心像许由一样隐居箕山,怎么到这里来了?"向秀不想步嵇康后尘,于是卑言相答:"我认为巢父、许由清高得迂腐,不理解尧的用心,岂能过分仰慕他们呢?"司马昭听了很开心。向秀自此步入官场。当时所授官职不详,据《晋书》本传和《思旧赋》看,大概被派到远离京城的北方某地任职。①

去赴任的途中,向秀有意绕道去了嵇康故居。他离开洛阳,沿黄河乘船顺流而下,然后北上山阳,来到了那个魂牵梦绕的地方。他将马车停在城角,沿着当年与嵇康散步的小路向旧居走去。这是一个冬季的黄昏,太阳就要落山了,水面已结起了一层薄冰。荒野上枯草在寒风中摇曳,满目萧条。自嵇康死后,他的妻子儿子已迁居他乡,此处只留下了一座空宅。虽然栋宇还没有毁坏,而主人已经形神俱逝。远远望去,犹如荒冢一样凄凉。这位孤独的凭吊者虽然还活着,但他生命中最美丽的时光,青春友谊和理想,也在这里永远埋葬了……忽然,远处传

---

① 《晋书·向秀传》云:"帝甚悦,秀乃自此役。作《思旧赋》……后为散骑侍郎。"据《思旧赋》:"将命适于远京兮,遂旋反而北徂。济黄河以泛舟兮,经山阳之旧居。"结合三国司州的历史地图,应为离开洛阳北上,然后由黄河向东北方向顺流而下,再陆行向北即到山阳,与赋文一致。

来了嘹亮的笛声,某位陌生的邻人吹起了一首伤感的曲子,在这寒冷的黄昏,更是沁人肺腑的苍凉,慢慢地噬碎了向秀的心。

笛声终于停了,万籁俱寂,向秀久久伫立,一股难以名状的悲情在他胸中升涌,呵!千古绝唱《思旧赋》诞生了,将这一历史瞬间化为永恒。

《思旧赋》

余与嵇康、吕安居止接近,其人并有不羁之才。然嵇志远而疏,吕心旷而放,其后各以事见法。嵇博综技艺,于丝竹特妙,临当就命,顾视日影,索琴而弹之。余逝将西迈,经其旧庐。于时日薄虞渊,寒冰凄然。邻人有吹笛者,发声寥亮。追思曩昔游宴之妙,感音而叹,故作赋云:

将命适于远京兮,遂旋反而北徂。

济黄河以泛舟兮,经山阳之旧居。

瞻旷野之萧条兮,息余驾乎城隅。

践二子之遗迹兮,历穷巷之空庐。

叹《黍离》之愍周兮,悲《麦秀》于殷墟。

惟古昔以怀今兮,心徘徊以踌躇。

栋宇存而弗毁兮,形神逝其焉如。

昔李斯之受罪兮,叹黄犬而长吟。

悼嵇生之永辞兮,顾日影而弹琴。

托运遇于领会兮,寄余命于寸阴。

听鸣笛之慷慨兮,妙声绝而复寻。

停驾言其将迈兮,遂援翰而写心。

附录

一、我与恩师的"竹林之游"

我是山东大学丁冠之教授的弟子,毕业留校后,每遇到学术难题,总是去找丁老师探讨。从外观上看,丁老师在山东大学新校的宿舍可以称得上"陋室"。这是一片建于20世纪80年代的简易教工宿舍楼群,丁老师仅70多平米的房子窝在某楼底层的角落,好在前面有个小院,种些花草与蔬菜,春夏秋三季生机盎然。我发现在这个简陋的空间,竟然时常高朋满座,堪称山东大学人文学科中青年教师的"俱乐部"。连我的研究生们认识了丁老师之后,到"师爷"家去的次数,也大大超过了我这个师傅。

90年代初的某次学术会议上,海外的学者相信陈寅恪先生的说法,认为"竹林七贤"可能并不存在,而是后人依据佛陀"竹林讲经"附会而成。我不能同意这个观点，但又拿不出有力证据，因此准备结合古代文献记载，对竹林之游的历史遗迹作实地考察，以便写出更有力量的反驳论文。丁老师是竹林七贤研究领域的专家，对嵇康、阮籍用力甚多，他提出的一系列观点影响至今。这个想法得到丁老师的大力支持，并提出邀请我们历史系的郑佩欣教授一起前往。这把我高兴坏了。

郑佩欣教授是著名的魏晋南北朝史专家，深受大家爱戴而尊称为"佩公"，佩公出生于 1933 年，1956 年中山大学毕业后到山东大学历史系任教；丁老师 1932 年出生，比佩公还大一岁，却入学太晚——1956 年进校，故成为佩公的学生，名为师生而情同手足。在魏晋南北朝史领域，佩公擅长社会经济史，丁老师专攻思想文化，两人都曾任王仲荦教授的助手，分别辅导不同研究方向的王门子弟，是我在山东大学获益最多的两位前辈学者。

1996 年深秋，大约 10 月下旬—11 月上旬，是我一生中最珍贵也是最快乐的时光——丁老师、佩公与我，三人在太行山南麓一带盘桓了七八天，按明清时期地方志的记载，寻找相关古迹。此行不是官方组织的科学考察队，没有严格的时间表，犹如当年竹林名士，"或率尔相携，观原野，极游浪之势，亦不计远近，或经日乃归"（《向秀别传》）。那个时代，该地区的旅游业刚刚起步，住宿条件与今天无法同日而语,多为破旧的小旅社,三人一间;交通工具则乘长途汽车、乡间中巴、拖拉机,或徒步行走,有时在山坡上密林间则手足并用;饮食则随遇而安,地摊上的河南烩面是家常便饭。生活虽然艰苦,但是当我们来到了山阳古城遗址、竹林泉边、稽山孙登啸台,那些在《三国志》与《世说新语》中沉睡的地名,一个个复活了的时候,我们的激动与快乐是难以用语言表达的。16 年过去了,往事如烟,而那段生活却随着时间的推移更加清晰起来,犹如发生在昨天……

　　考察的重点是寻找竹林之游的地点,第一个目标自然是稽康的园宅——位于山阳的"竹林园"。那天我们起了个大早,雇了一辆陈旧的面包车,在锁定竹林园的大致方位后,对这个区域作地毯式搜索。行驶中,眼前忽然一亮,一片青翠茂密的竹林在深秋枯黄的原野上格外显眼。丁老师情绪激动,急喊停车,说应当就是这里了。竹林旁边有一破旧不堪的土屋,据住在里面的几位老年村民说,这是竹林寺的遗址,他们坚守在这里,是发愿重建该寺。这个信息太重要了。因为史书明确记载,后人为纪念竹林七贤,北朝时期在竹林园遗址修建了"七贤祠",历代生长着竹林。"七贤祠"于元末改为佛教庙宇"竹林寺"。我们问村民,种大片竹林是否与纪念竹林七贤有关,回答是否定的。他们没有听说过竹林七贤,竹子是当地重要副业,比种庄稼更划算。

历代史书都记载,在七贤祠南面,有一名泉——竹林泉,这是确定竹林遗址位置的重要地理坐标。于是,我们三人离开土屋,按村民的指点向南寻找该泉。一千七百多年过去了,竹林泉仍然静静地躺在那里,泉水汇成清澈湍急的小溪,绕竹林遗址东流。对我们这些竹林七贤的寻踪者来说,清凉的泉水和茂密的竹林则有了特殊的意义。《世说新语·简傲》注引《文士传》描述的嵇康灌园打铁情景,似乎穿越了时空,就在眼前:"康性绝巧,能锻铁。家有盛柳树,乃激水以圜之,夏天甚清凉,恒居其下傲戏,乃身自锻。"打铁需好水,竹林非虚构。嵇康引来的水,乃竹林泉之水。萧瑟秋风中,丁老师慷慨踌躇,大呼"拿酒来"。

找到竹林园后,我们决定乘胜追击,去找竹林之游的第二个遗址——嵇山别墅。据史书记载,在距竹林泉西北二十五里左右的嵇山,嵇康有一别墅,是竹林之游的第二个处所。因司机错误走了弯路,却歪打正着,在一个村庄外下车方便时,看到了一个杂草丛生的土丘,可以隐蔽如厕。小便结束后才发现,竟是汉献帝多年失修的坟墓——"禅陵"。丁老师连连道歉,请献帝老先生原谅。

因为进山的路无法走汽车,我们只得临时雇了一辆小型拖拉机。没有想到山路崎岖凹凸,拖拉机巨大的颠簸将我们不断抛起。只得下车步行。沿着漫长而曲折的进山古道,经长途跋涉,到达群山环抱的山奥——天门山百家岩下的嵇山,百家岩是天门山南坡下一个约高170米、宽500米的巨大峭壁,峭壁下的一低矮的小山丘便是嵇山。峭壁与嵇山之间有个约宽30米、长100米的平缓地,可供百家人居住(故名"百家岩"),有清泉、山溪,风景秀丽,嵇康的山墅即建在此处,后被佛教庙宇"百岩寺"取代。竹林之游的古迹——刘伶醒酒台,孙登长啸台,阮氏竹林,嵇康锻灶、淬剑池等,依然可见。在百家岩附近,到处是一丛丛野生的竹子。天高云淡,我们坐在深秋的山坡上,恰逢一队大雁在高空中出现了,嵇康的诗不禁涌上心头:"目送归鸿,手挥五弦。"

回到旅店,窗外下起了淅淅沥沥秋雨,大家兴致甚高,要一醉方休。廉价的二锅头、油炸花生米、凉拌黄瓜,还有红烧猪头肉。几杯烧酒下肚,便回归了自然,生命达到了最佳境界。酒酣耳热之际,丁老师与佩公谈起了他们的年轻时代的往事。不知是什么话题引发了他们的诗兴,背诵起了李季的《王贵与李香香》。你三句、我二句,一唱一和……

佩　公:沟湾里胶泥黄又多,

挖块胶泥捏咱两个;

> 　　　　　捏一个你来捏一个我，
>
> 　　　　　捏的就象活人脱。
>
> 丁老师：摔碎了泥人再重和，
>
> 　　　　　再捏一个你来再捏一个我；
>
> 佩　公：哥哥身上有妹妹，
>
> 　　　　　妹妹身上也有哥哥。
>
> 丁老师：捏完了泥人叫哥哥，
>
> 　　　　　再等几天你来看我。

灯火朦胧中，他们的神情仿佛回到了难忘的青年时代。《王贵与李香香》是他们共同的青春记忆。40多年前，丁老师与佩公离开家乡来到山东大学，而两位师母却留在了家乡务农。在那个户籍森严的年代，从此分居了二十多年。两位师母在农村苦苦支撑着家庭，默默支持着丈夫在大城市学术研究道路上艰难前行。从 1958 到 1978 二十年的政治严寒中，许多优秀的中国知识分子在阳光升起前倒下了；挣扎着走出了那个黑暗时代的，也痛失了人生最美好的二十年。丁老师与佩公的学术成就，都是他们在 1978 年解冻后，用生命最后的活力搏来的。新中国的读书人，对得起自己的良心了。兴致正浓的他们，谁也不会想到，14 年之后，2010 年 3 月 8 日晚 19 点是丁老师的生命终点；10 日凌晨 1 点，佩公也在同一所医院溘然长逝了,前后相差不到 30 个小时。也许是巧合,也许冥冥中自有定数,那是前生后世的因缘。

回到山东大学后,我将考察成果写成《"竹林七贤"考》一文,2001 年在《历史研究》发表后,拿去给丁老师和佩公看,他们竟然比我还高兴。我们曾约定,再去浙江绍兴新昌(东晋时期的剡县),作一次学术遗址考察。这是东晋玄学与佛教般若学融合的核心地区,我曾去那里考察过支道林的行迹,故自告奋勇为两位恩师带路。谁知因杂事一拖再拖,终未成行,酿成终身遗憾。

2001 年我离开了母校去清华大学教书了。很长一段时间形神错位,张口"你们清华如何",闭口"我们山大如何"。不仅我如此,有些新调入清华的老师也是长期改不过口来。可见人们内心世界的母校情结之深——我们不仅把青春岁月留在了那里,更重要的是我们的老师还在那里等我们回家。初到北京,举目无亲,遇到不顺心的事,总是到丁老师与佩公那里寻找精神支持。某次我向丁老师诉苦,说北京这个地方林子太大,生存不容易。丁老师云:"北京一千多万人,不都活得好好的吗? 大鹏有大鹏的快乐,小鸟有小鸟的快乐。"有段时间心情不佳,佩公问我近况如何,我用鲁迅的诗自嘲:"破帽遮颜过闹市。"佩公笑道:"是金子总会发光的。"刹那间,我心中的灯亮了。

北大某教授曾深情地勉励青年学子:"我们会在这里长久守候。即使夜深了,也会给你留着灯、留着门。"这总让我想起遥远的济南,山东大学丁老师家里那片橘黄色的灯光。2010年3月8日,这盏智慧的灯熄灭了。但是正如庄子所云:一支蜡烛燃尽了,但火是不会灭绝的,在别的地方复燃了,薪尽火传。"指穷于为薪,火传也,不知其尽也。"

(本文原载《历史学家茶座》2013年第1辑)

二、"竹林七贤"考

关于嵇康、阮籍、山涛、向秀、阮咸、王戎、刘伶七贤同游竹林的记载，自东晋初期见著于史传后，一千多年间几乎没有人对其真实性提出疑问。近代学术巨子陈寅恪先生首发新论，认为"竹林七贤"系东晋士人受佛教"格义"学风影响，取释迦牟尼说法的"竹林精舍"之名，附会《论语》"作者七人"之事数而成，并非历史实录①。此论石破天惊，影响了当代学术界的研究思路。一些学者沿着这条思路继续发展，对"竹林七贤"说进一步"证伪"，认为竹林七贤之间的年龄差异和居地距

① 陈寅恪在《陶渊明之思想与清谈之关系》中称："所谓'竹林七贤'者，先有'七贤'，即取《论语》'作者七人'之事数，实与东汉末'三君''八厨''八及'等名同为标榜之义。迨西晋之末，僧徒比附内典、外书之'格义'风气盛行，东晋初年乃取天竺'竹林'之名加于'七贤'之上，至东晋中叶以后，江左名士孙盛、袁宏、戴逵辈遂著之于书。"见《金明馆丛稿初编》，上海古籍出版社，1982年，第181页。又，陈寅恪在《三国志曹冲华佗传与佛教故事》中说："袁宏《竹林名士传》，戴逵《竹林七贤论》，孙盛《魏氏春秋》，臧荣绪《晋书》及唐修《晋书》等所载嵇康等七人，固皆支那历史上之人物也。独七贤所游之'竹林'，则为假托佛教名词，即'Velu'或'Veluvana'之译语，乃释迦牟尼说法处，历代所译经典皆有记载。"见《寒柳堂集》，上海古籍出版社，1980年，第161页。

离,使其不可能同时聚会于山阳,而且考证出造假者可能是东晋谢安①。然而,笔者通过对"竹林之游"遗址的实地考察②,并全面梳理了与竹林七贤有关的历史、地理、文学、宗教等文献资料后感到:尽管大师与时贤的观点推动了竹林七贤研究的深化,但智者千虑,难免有失。

(一)

关于东晋初史家受"格义"风尚影响附会佛经而创造"竹林七贤"的说法如果成立,其必要条件是:此前所译佛经中"竹林"译名已经普遍存在。那么,史实又是如何呢?为解决这个问题,笔者据《大藏经索引》对《大正藏》中关于释迦牟尼在王舍城迦兰陀讲经园林"Venuvanan"(梵文)或"Veluvana"(巴利文)翻译情况进行了统计③,发现该园林存在着三种译名:"竹园""竹林"或"竹林园"。有的佛经译为"竹园",有的译为"竹林",有的则同时译为"竹园""竹林"或"竹林园"几种不同译名。为清晰地揭示这一译名演变的规律,将检索结果列表总结如下:

---

① 周凤章:《"竹林七贤"称名始于东晋谢安说》,《学术研究》1996 年第 6 期;范子烨:《"竹林七贤"之名目探源》,《学习与探索》1997 年第 2 期。

② 参看本书附录一。

③ 《大藏经索引》系日本学者集体编纂,吉林文史出版社,1987 年。

时　代	总　数	竹　园	竹　林	竹林园
东汉—西晋	21例,100%	16例,76%	1例,5%	4例,19%
东晋十六国	22例,100%	12例,55%	7例,32%	3例,13%
南北朝	16例,100%	5例,31%	7例,44%	4例,25%
隋　唐	49例,100%	9例,18%	18例,37%	22例,45%
宋元明清	21例,100%	3例,14%	11例,53%	7例,33%

以上统计结果无法支持"竹林七贤"是东晋史家附会佛教典故而成的观点,理由如下:

首先,"竹林七贤"说形成于东晋初期,而在此之前东汉三国西晋时期佛教译经的21例中,"竹园"16例,占76%;"竹林"仅1例,占5%;"竹林园"4例,占19%。释迦牟尼说法处,大多数被译为"竹园",而不是"竹林"。原因很简单,"竹园"的译法,符合汉晋时期中国社会的思想观念和语言习惯。这个时期的贵族园林,多以"园"命名,如"沁园""金谷园"等。如果东晋初期的史家以这类佛经附会道家的七贤,应创造出"竹园七贤"更合逻辑。按史学界通行的规则,对古代史籍中有明确记载的事件,如果今人要证明其不真实,应拿出更有力的证据。可见,尽管东汉三国西晋所译佛经有少数"竹林"译名,但是面对大多数被译为"竹园"的事实,要推翻东晋初期史家的文献记载,显然证据不足。

其次,自东晋初期"竹林七贤"说流行后,佛经翻译才开始了由"竹园"向"竹林"的缓慢转变。东晋十六国、南北朝、隋唐、宋元明清四个时期,"竹园"译名逐渐下降,依次为55%、31%、18%、14%;"竹林"译名逐渐上升,依次为32%、44%、37%、53%;"竹林园"的译名也逐渐上升,依次为13%、25%、45%、33%。如何解释这个变化呢?如果还未找到更好的理由,那么,"竹林七贤"历史典故的广为流传,可能就是影响佛教译名变化的原因。换句话说,不是佛经的"竹林说法"典故影响了"竹林七贤"称号的产生,可能是"竹林七贤"的典故影响了佛经翻译发生变化。

两晋之际"以经中事数,拟配外书"①的佛教格义,是以中国的名词概念和学术思想去附和解释佛经,而不是相反。况且格义的最重要规则是解释者与被解释者之间存在着可类比的共同性质。因此即使双方出现互动,士人以佛经典故比附中国历史文化现象,也应遵循格义规则,在类似事物之间建立联系。然而,中国的"竹林之游"与印度的"竹林说法"性质不同。首先,前者是几个朋友相聚,清谈饮酒的平等交流;后者则是教主向信徒布道,听众动辄千万,如竺法护译《无极宝三昧经》载:"一时佛

---

① 《高僧传》卷四《竺法雅传》,中华书局,1992年,第152页。

在罗阅祇竹园中,与千二百五十比丘俱。"《持心梵天所问经》载:"一时佛在王舍城迦邻竹园中与大比丘众俱,比丘六万四千,菩萨七万二千。"再者,汉晋之际的观念中,圣人不可学不可至,贤人与圣人有着不可逾越的鸿沟,不可同日而语。竹林七贤属于贤人,与佛教中高僧地位相当,故孙绰作《道贤论》"以天竺七僧方竹林七贤"①。佛祖则与圣人同,孙绰《喻道论》说:"周孔即佛,佛即周孔,盖外内名耳。"②故他没有以七贤去"方"诸佛,因为两者不能类比"格义"。

太行山以南的北方地区,自古便有竹子生长,甚至作为经济作物大面积人工种植。《史记·货殖列传》:"渭川千亩竹……此其人皆与千户侯等。"汉晋之际随着庄园经济的发展,北方的士大夫在修建风景秀丽、自给自足的庄园时,一般要种植竹子。汉末仲长统是山阳高平(今山东济宁)人,年轻时代活动足迹在北方地区,"年二十余,游学青、徐、并、冀之间"③,后参曹操军事,长期生活在邺。而他在《昌言》中这样描写理想中的庄园:"使居有良田广宅,背山临流,沟池环匝,竹木周布。"④西晋潘岳的庄园

---

① 《高僧传》卷一《竺法护传》,第 24 页。
② 《弘明集》卷三孙绰《喻道论》,第 17 页 A。
③ 《后汉书》卷四十九《仲长统传》,第 1643—1644 页。
④ 《后汉书》卷四十九《仲长统传》,第 1644 页。

则实实在在位于洛阳南郊的洛水之滨,他在《闲居赋》中这样写道:"爰定我居,筑室穿池……竹木蓊蔼,灵果参差。"①由此可见,河内山阳嵇康的庄园中有竹林、生长着竹林是完全可能的,而历史文献记载和实地考察证明,"竹林之游"的两处遗址——即嵇康的两个故居:山阳园宅和嵇山别墅的确存在,竹林并非虚构。

第一、山阳园宅。《水经注》卷九《清水》:"又迳七贤祠东。左右筠篁列植,冬夏不变贞萋。魏步兵校尉陈留阮籍,中散大夫谯国嵇康,晋司徒河内山涛,司徒琅邪王戎,黄门郎河内向秀,建威参军沛国刘伶,始平太守阮咸等,同居山阳,结自得之游,时人号之为竹林七贤。向子期所谓山阳旧居也。后人立庙于其处。庙南又有一泉,东南流,注于长泉水。郭缘生《述征记》所云:'白鹿山东南二十五里,有嵇公故居,以居时有遗竹焉。'盖谓此也。"②郭缘生《述征记》关于竹林遗址的记载,又见于多种类书征引,其中《太平御览》卷六十四《居处部四·宅舍》所引最为详细:"山阳县城东北二十里,魏中散大夫嵇康园宅,今悉为田墟。而父老犹谓嵇公竹林地,以时有遗竹也。"郭缘生生平事迹不详,《隋书·经籍志》卷二《史

① 《晋书》卷五十五《潘岳传》引《闲居赋》,第 1505 页。
② 郦道元撰,陈桥驿点校:《水经注》卷九《清水》,上海古籍出版社,1990 年版,第 180—181 页。以下所引《水经注》均为该版本。

部·地理类》记载："《述征记》二卷,郭缘生撰。"该书《史部·杂传类》又载："《武昌先贤传》,宋天门太守郭缘生撰。"可见,郭缘生是南朝刘宋时期的人,《述征记》是记载山阳稽康园宅遗址生长竹林的最早文献资料。《水经注》中的"七贤祠",元末改为佛教庙宇"竹林寺",但寺内有"七贤堂",供奉竹林七贤。庙南"七贤泉",后名"竹林泉"。此庙此泉见诸历代文献,如《太平寰宇记》、《明一统志》、《河南通志》、《大清一统志》、乾隆《获嘉县志》、《辉县志》、道光《修武县志》以及今修《修武县志》等①。竹林寺(七贤祠)遗址与竹林泉相邻,位于今河南辉县鲁庄与山阳村之间。如今竹林寺已荡然无存,而竹林泉却万古流淌,泉水汇成清澈湍急的小溪,绕竹林遗址东流,岸边有大片翠绿的竹林。访问村民得知,他们不知"竹林七贤"典故,种竹不是为了纪念先贤,而是为经济目的,是当地重要副业。但是对我们这些竹林七贤寻踪者来说,清凉的泉水和茂密的竹林则有了特殊的意义。打铁需好水,竹林非虚构。《世说新语·简傲》注引《文士传》描述的稽康灌园打铁情景,似乎穿越了时空,就在眼前:"康性绝巧,能锻铁。家有盛柳树,乃激水以圜之,夏天甚清

---

① 《太平寰宇记》卷五十三《河北道二·怀州获嘉县》曰:"七贤祠在县西北四十二里,阮籍等游处。《水经注》云:'七贤祠左右筠篁列植,冬夏不变,向子期所谓山阳旧居。'即此祠之处也。"

凉,恒居其下傲戏,乃身自锻。"嵇康引来的水,乃竹林泉之水。

第二、嵇山别墅。魏晋士人除了经常性居住和经营的园宅,还在依山傍水处修建游乐性的别墅,史书中称为"山墅"。嵇康也不例外,他在距竹林泉庄园西北二十五里左右的嵇山便拥有别墅。嵇康在与郭氏兄弟互赠的诗中,透露了这一信息:"昔蒙父兄祚,少得离负荷。因疏遂成懒,寝迹北山阿。"[①]"亮无佐世才,时俗所不量。归我北山阿,逍遥以相佯。"[②]其中的"北山阿",不是表达理想憧憬的文学描写,而是坐落在嵇山的别墅,竹林之游的第二个处所。当笔者沿着漫长而曲折的进山古道,到达群山环抱的山奥——天门山百家岩下的嵇山时,理解了"北山阿"一词的含义。《修武县志》还附有古代地图,与考察结果相同。以上文献中出现的白鹿山、天门山、嵇山,实际上是对同一座山几个山峰的不同称谓。该山位于太行山南部、修武县北境,山势极雄伟。百家岩是天门山南坡下一个约高170米、宽500米的巨大峭壁,峭壁下一低矮的小山丘便是嵇山。峭壁与嵇山之间有个约宽30米、长100米的平缓地,可供百家人居住(故名"百家岩"),有清泉、山溪,风景秀丽,嵇康的山墅即建在此处,后被佛教庙

① 戴明扬:《嵇康集校注》卷一《答二郭三首》,第61页。
② 戴明扬:《嵇康集校注》卷一《郭遐周赠三首》,第55页。

字"百岩寺"取代。竹林之游的古迹,集中在这一带,如刘伶醒酒台,孙登长啸台,阮氏竹林,稽康锻灶、淬剑池等。对此处的自然与人文地理,《元和郡县志》、《太平寰宇记》、《明一统志》、《河南通志》、《大清一统志》、道光《修武县志》等,作了详细的记载①。需要指出的是,在百家岩附近的山坡上,到处可见一丛丛野生的竹子。这里也是竹林七贤游宴清谈之地。

(二)

"竹林"的存在已得到了证明,那么,"七贤"故里之间的距离,是否能成为他们聚会"竹林"的障碍呢?曹魏前期,士人多离本土,集中到首都洛阳和京畿地区居住,以至选官制度改变了传统的乡里选举,改用九品中正制。竹林七贤的实际居地与籍贯并无关系,他们多数居河内

---

① 《元和郡县志》卷二十《卫州共城县》曰:"白鹿山在县西五十四里。天门山在县西五十里。"《元和郡县志》卷二十《怀州修武县》曰:"天门山今谓之百家岩,在县西北三十七里,以岩下可容百家,因名。上有精舍,又有锻灶处所,即稽康所居也。"《太平寰宇记》卷五十六《河北道五·卫州共城县》曰:"白鹿山在县西北五十三里,西与太行山连接,上有天门谷、百家岩。"《太平寰宇记》卷五十三《河北道二·怀州修武县》曰:"天门山今谓之百家岩,在县西北三十七里,以岩下可容百家因名。上有精舍,又有锻灶处所,人云即稽康所居。《图经》云:'山岩有刘伶醒酒台,孙登长啸台,阮氏竹林,稽康淬剑池,并在寺之左右。'山阳城北有秋山,即稽康之园宅也。"

郡,少数居洛阳,相距不太远。

汉末的长期战乱造成了北中国人口锐减,出现了大量的无主荒田,这种现象在主战场首都洛阳附近的河南、河内郡更为明显,故曹操迁汉都于许昌,而定魏都为邺。在黄初元年(220)迁都洛阳所引起的移民浪潮中,曹魏中央政府官员从原居住地邺,携家带口迁往洛阳。当时地广人稀,官员们在京畿地区纷纷占田建宅,原籍冯翊的半退职官员杨沛,"占河南夕阳亭部荒田二顷,起瓜牛庐,居止其中"[1]。需要指出的是,由于对南方孙吴用兵,从皖北寿春到洛水以南被划为屯田区,故官员占田主要在洛水以北。因此位于洛阳北部的河内郡成了战略后方,地位相当于东晋的会稽。河内郡位于太行山南麓,土地肥沃,多泉水瀑布河流,遍布达官贵人的庄园水碓,其中"有公主水碓三十余区"[2]。嵇康原籍为谯郡铚人,其父为曹魏督军粮侍御史,他本人则与长乐亭公主结婚。山阳的庄园,既可能由其父所建,也可能来自其妻的陪嫁。竹林七贤之一的王戎,原籍琅琊,可能也是在魏初的移民浪潮中,由其父王浑在山阳置下园宅,成为嵇康长期的邻居,

---

[1] 《三国志》卷十五《魏书·贾逵传》注引《魏略》,第486—487页。

[2] 《太平御览》卷七百六十二《器物部七·碓》引王隐《晋书》,第3384页。

"戎自言与康居山阳二十年"①。山涛与向秀原籍分别为河内郡怀县(山阳南邻,今武陟县)的小虹桥村和尚村。即使山涛、向秀仍住在故里,与嵇康园宅相距亦不过七十多里②,在"自由"占田的时代,可能住地更近。向秀《思旧赋》说:"余与嵇康、吕安居止接近。""居止"不是指性行,而是指居住,上文杨沛"居止"草庐中,是其证。沛人刘伶同样不在原籍居住,史书所见其活动范围不出洛阳与河内一带。此人行踪不定,"常乘鹿车,携一壶酒,使人荷锸随之,云:'死便掘地以埋'"③。与山阳、怀县相邻的河内获嘉县有刘伶墓④,距嵇康竹林园几十里,比山涛、向秀故里更近。

阮籍住在洛阳城外谷水转曲而东流处,该地因此得

---

① 《晋书》卷四十九《嵇康传》,第 1370 页。

② 各种史书仅称山涛、向秀为"河内怀人",未明村里。雍正《河南通志》卷四十九《陵墓·怀庆府》:"晋山涛墓,在武陟县城西虹桥村。"1931 年《武陟县志》载向秀墓:"在尚村,相传尚村原名向村,即向秀故里。"两村与辉县鲁庄的直线距离,据地图比例尺推算出。本文其他不注明出处的距离,方法同此。

③ 《世说新语·文学》注引《名士传》,第 250 页。

④ 1935 年《河南获嘉县志》卷四《冢墓》:"刘伶墓,在县南三十五里郭堤东北二里许。东西十三步,南北十步,高约四尺,传为刘伶葬于此村。村之刘姓十余户,皆其后也,但中间世次已不可考。"另,《大清一统志》卷一百三十《兖州府》和清《山东通志》卷三十二《墓·峄县》又载刘伶墓在山东峄县东北二十里刘曜村。但是沛国地区未见刘伶墓的文字记载。

名"阮曲",作为古迹载于历代地理著作①。阮咸随其叔阮籍同居此地,"阮仲容、步兵居道南,诸阮居道北"②。虽然洛阳与山阳相距较远,约二百五十里左右,但并不能阻碍阮氏叔侄去参加竹林游宴清谈。当时长住洛阳的达官贵人,最喜欢的旅游休假活动,便是北上河内,到太行山南麓的青山绿水间渔猎,在山墅中饮酒清谈。应璩的《与从弟君苗、君胄书》透露了有关曹魏士大夫"山阳情结"宝贵的信息。应璩是建安七子应玚之弟,在洛阳上层交际甚广,历任散骑常侍、侍中、大将军长史等要职,嘉平四年逝世。从信的内容看,原籍汝南的应氏家族如今已在河内山阳落户,拥有了土地园宅。应璩在信中劝在山阳务农的两位从弟,千万不要入仕,而要致力于扩大庄园的经营规模:"追踪丈人,畜鸡种黍。潜精坟典,立身扬名,斯为可矣……郊牧之田,宜以为意,广开土宇。"自己混迹官场,是不得已而为之,最高兴的活动,是越芒山、渡黄河,北上河内山阳,回到大自然中:"间者北游,喜欢无量。登芒济河,旷若发蒙。风伯扫途,雨师洒道。按辔清

---

① 《水经注》卷十六《谷水》:"谷水又东南转屈而东注,谓之阮曲,云阮嗣宗之故居也。"(第335页)《太平寰宇记》卷三《河南道三·河南府洛阳县》曰:"阮曲,《水经注》云:'谷水又东南转曲而东注,谓之阮曲。'盖嗣宗所居之地。"(第25—26页)

② 《世说新语·任诞》,第732页。

路,周望山野。亦既至止,酌彼春酒。接武茅茨,凉过大夏;扶寸看榴,味逾方丈。逍遥陂塘之上,吟咏菀柳之下。结春芳以崇佩,折若华以翳日。弋下高云之鸟,饵出深渊之鱼……何其乐哉!"最理想的生活,是彻底退出政界归隐,"吾方欲秉耒耜于山阳,沉钩缗于丹水"①。这不是文学意象,而是有确切地理位置的庄园。丹水出太行山东南流,经山阳境内的邓城,后与沁水汇合②。

　　能满足魏晋士族"隐居"享乐的河内山阳,不是经济落后的穷乡僻壤,也不是简单的旅游胜地,软禁汉献帝的浊鹿城就在此地。曹魏在浊鹿城驻重兵,设特别军区"督军",到西晋泰始二年(266)才撤销,"罢山阳公国督军,除其禁制"③。大量军人的消费,有利于该城的经济繁荣。另外,曹魏后期邺城是个大城市,软禁着大量的曹魏王公,而山阳恰恰位于洛阳与邺中间。这些因素,使浊鹿城成为从洛阳至邺交通要道上的重镇,稽康的园宅位于浊鹿城东北郊,相距数里④。如向秀《思旧赋》描述他从洛

---

① 萧统:《文选》卷四十二应休琏《与从弟君苗、君胄书》,第599—600页。
② 《水经注》卷九《沁水》:"丹水自源东北流……又东南出山,迳邓城西……司马彪《郡国志》曰:'山阳有邓城。'……东南流,注于沁水,谓之丹口。"(第188—189页)
③ 《晋书》卷三《武帝纪》,第55页。
④ 浊鹿城的位置,历代史籍均有明确记载,道光《修武县志》卷二《舆地·故城考》对浊鹿城考证甚详。该城遗址位于现在的修武县城东北五里源乡李固村南。

阳出发北上赴嵇康故居的路线为："济黄河以泛舟兮,经山阳之旧居。瞻旷野之萧条兮,息余驾乎城隅。"①文中所言停放马车的"城隅",便是浊鹿城。从该城到洛阳的路上,有宣阳城,是古代的驿站,称为"宣阳驿"②。可见,从洛阳到山阳,有便利的交通和居住的传舍,为名士的游乐、狩猎和学术交流提供了条件。这里既无物质匮乏,又无文化寂寞,因此也就成了名士"隐居"胜地。魏晋之际的"箕山"③在洛阳名士心中,是他们暂时获得精神超越的理想乐土,故史书中留下了阮籍、阮咸、阮侃等阮氏家族成员在山阳流连往返的记载;在洛阳当局眼里,则是一个政治敏感的地区,尤其当隐士云集之时,故钟会带大批随行,"乘肥衣轻,宾从如云"④,浩浩荡荡赴嵇康园宅"拜访",最终导致了竹林之游的悲剧结局。

竹林七贤的形成过程中,山涛起了重要作用。《晋书·山涛传》说山涛"与嵇康、吕安善,后遇阮籍,便为竹林之契"。所谓"竹林之契",是指约定时间游于竹林。这

---

① 《晋书》卷四十九《向秀传》,第 1375 页。
② 戴明扬:《嵇康集校注》卷一《阮德如答二首》:"早发温泉庐,夕宿宣阳城。"(第 68 页)道光《修武县志》卷二《舆地·故城考》:"今县东南十八里宣阳驿,尚有废城址。"
③ 《晋书》卷四十九《向秀传》:"康既被诛,秀应本郡计入洛。文帝问曰:'闻有箕山之志,何以在此?'"(第 1375 页)
④ 《三国志》卷二十一《魏书·王粲传》注引《魏氏春秋》,第 606 页。

条史料透露的信息是:正始五年(244)39岁的山涛出任河内郡功曹,作为负责选拔人才的官员,结交了寓居本郡的才子嵇康、吕安,后将新识的阮籍介绍给嵇康,前期竹林之游的核心由此形成。据《世说新语·贤媛》记载:"山公与嵇、阮一面,契若金兰。山妻韩氏,觉公与二人异于常交。"应韩氏要求,山涛邀请二子来家中做客并留宿,韩氏夜晚从窗洞中窥视山、嵇、阮三人清谈"达旦忘返"。山涛家的这次小聚会,实际上是竹林之游的序曲。他们介绍各自的好友加入,是顺理成章的事。向秀与山涛故里相近,"少为山涛所知"①,自然由山涛介绍;阮咸、王戎是通过阮籍;刘伶则因同气相求,"与阮籍、嵇康相遇,欣然神解,携手入林"②。当时山涛"家贫",嵇康的园宅成了活动中心。

正始后期,山涛、阮籍、嵇康曾到首都洛阳任职,并参加了正在蓬勃发展的玄学清谈。但是,到正始八年(247),面对曹爽与司马懿两大政治集团矛盾激化,他们像许多不愿卷入其中的士人一样,相继从政界退出,回乡隐居。关于山涛与阮籍的隐退过程,史书有明确记载。正始八年,任河南从事一职的山涛因洛阳的政治形势而焦虑得夜不能寐,"投传而去。未二年,果有曹爽之事,遂

---

① 《晋书》卷四十九《向秀传》,第1374页。
② 《晋书》卷四十九《刘伶传》,第1376页。

隐身不交世务"①。阮籍的情况大同小异,正始九年
(248),"及曹爽辅政,召为参军。籍因以疾辞,屏于田里。
岁余而爽诛,时人服其远识"②。

从正始八年前后山涛逃出洛阳回到河内,到景元三
年(262)嵇康被杀,竹林之游持续了 15 年左右。以嵇康
甘露元年—四年(256—259)离家赴河东学道三年为界,
竹林之游可划为前期(247—256)和后期(259—262)。前
期的核心人物是嵇康、阮籍、山涛,特点是避开洛阳的政
治旋涡;后期的核心人物是嵇康、吕安、向秀,特点是消极
抵制司马氏的"名教之治"。无论前期还是后期,参加竹
林之游的名士都不存在严密的组织,仅是个松散的文人
群体。参加者也不局限于七人,史册留名的还有吕安、阮
侃、赵至、郭遐周、郭遐叔等。但是"竹林七贤"的传说,可
能以某次七人的竹林聚会为原型。时间发生在前期正始
九年(248)的可能性最大,因为该年七贤均无官职,有可
能同在山阳。而高平陵政变之后,阮籍自嘉平元年即被
司马懿辟为从事中郎,此后,七贤很难全部相聚于竹林。

不能否认,竹林七贤的年龄存在着巨大的差异。正
始九年,山涛 43 岁,阮籍 38 岁,嵇康 25 岁,而王戎仅

---

① 《晋书》卷四十三《山涛传》,第 1223 页。
② 《晋书》卷四十九《阮籍传》,第 1360 页。

14 岁,年龄太小,似乎不可能参加成人的清谈。然而,那是一个学者早熟的时代。王弼 17 岁时已成为崭露头角的玄学少年,出色地回答了裴徽提出的关于"儒道异同"的重大哲学问题;18 岁时已在何晏主办的清谈会上脱颖而出,成为学术明星。没有年龄与资格限制的学术平等,恰恰是正始清谈的特点。王戎的年龄和水平虽不能和王弼相比,但是他从 6 岁开始就以超常的聪明机智名扬天下。"戎幼而颖悟,神彩秀彻。视日不眩,裴楷见而目之曰:'戎眼烂烂,如岩下电。'年六七岁,于宣武场观戏,猛兽在槛中虓吼震地,众皆奔走,戎独立不动,神色自若。魏明帝于阁上见而奇之。又尝与群儿嬉于道侧,见李树多实,等辈竞趣之,戎独不往。或问其故,戎曰:'树在道边而多子,必苦李也。'取之信然。"①王戎 14 岁时,以思想深刻得到阮籍的赏识。年长王戎二十多岁的阮籍,与王戎的清谈的兴趣远远大于其父王浑:"阮籍与浑为友。戎年十五岁,随浑在郎舍。戎少籍二十岁,而籍与之交。籍每适浑,俄顷辄去,过视戎,良久然后出。谓浑曰:'俊冲清赏,非卿伦也。共卿言,不如共阿戎谈。'"②同时,王戎又家住山阳,故作为特殊情况,阮籍携"神童"王戎参加竹林之游是完全可能的。

---

① 《晋书》卷四十三《王戎传》,第 1231 页。
② 《晋书》卷四十三《王戎传》,第 1231 页。

（三）

既然"竹林七贤"是历史事实，为什么不见诸魏晋之际的文献呢？这个现象，与当时严酷的政治背景有关。

高平陵政变之后，中国历史走上了长达 16 年的魏晋禅代之路，史家以沉重的笔调写道："魏晋之际，天下多故，名士少有全者。"①寥寥几笔，勾出了那个血腥的时代。以反抗司马氏名教之治为主题的竹林清谈最终以嵇康被杀而消亡。在政治恐怖的环境中，士大夫已失去了秉笔直书为这些持不同政见者树碑立传的勇气，即使嵇康的好友向秀也是如此。大约在嵇康和吕安被害的第二年——景元四年（263）元月，在强大的政治暴力面前，向秀不得不低头了——结束了"隐士"生活，以本郡计吏身份赴洛阳，被任命为散骑侍郎，成为最后一个向政治强权妥协投降的竹林名士。在回家准备赴任的途中，向秀有意绕道去了嵇康故居，创作了千古绝唱《思旧赋》，仅给后人透露了有关他与嵇康、吕安友谊的点滴信息。鲁迅曾说："年青时读向子期《思旧赋》，很怪他为什么只有寥寥的几行，刚开头却又煞了尾。"②细读《思旧赋》，在那躲躲

---

① 《晋书》卷四十九《阮籍传》，第 1360 页。
② 鲁迅：《南腔北调集》，人民文学出版社，1973 年版，第 62 页。

闪闪的文字后面,可以感到魏末凛冽的政治严寒与向秀
近乎心死的悲哀。

西晋王朝建立后,随着当年支持司马懿发动高平陵
政变的老一代礼法之士已退出了历史舞台,而正始、竹林
名士及追随者们逐渐上升,思想环境相对宽松的文化时
代开始了。司马炎在其执政期间,积极解决魏晋禅代中
遗留的历史问题,善待那些葬身于禅代之路上的玄学名
流的后代①。但是,司马炎并没有为魏末的政治反对派
公开平反,如果将屠杀玄学名士的历史冤案全部翻过来,
岂不是否定了自己上台的合理性吗? 例如,泰始八年
(272)的"党争"中,河南尹庚纯在一次酒会上质问贾充:
"高贵乡公何在?"②不仅揭了贾充的伤疤,而且对晋王朝
不敬,致使司马炎下诏免庚纯的官职,并交司法部门论
处。又如,稽康的儿子稽绍,因是政府要犯的儿子,直到
太康二年(281),才在山涛的荐举下入仕,"时以绍父康被
法,选官不敢举。年二十八,山涛启用之,世祖发诏,以为
秘书丞"③。在这种政治环境中,山涛、王戎等人不可能
公开标榜竹林之游,更何况产生于司马炎时代的《魏

---

① 详见王晓毅:《司马炎与西晋玄、儒的升降》,《史学月刊》1997年第
　　3期。
② 《晋书》卷五十《庚纯传》,第1398页。
③ 《世说新语·政事》刘孝标注引王隐《晋书》,第171页。

书》《三国志》等史书呢！不过，从山涛、阮咸、刘伶、向秀、王戎入晋后在政治舞台上互相呼应、互相支持的表现，可以证明他们之间有着深厚的历史渊源，如山涛、向秀都卷入了泰始七年—八年玄学派名士企图将贾充赶出朝廷的活动。又如，咸宁四年(278)，吏部郎这个重要职位出现空缺，山涛极力推荐阮咸，以至与晋武帝发生了冲突。这些现象，很可能与"竹林"时期结成的友谊有关。

　　以晋武帝的逝世为标志，西晋王朝进入了元康时期，魏晋玄学清谈也在这个时期出现了继正始之音后的第二个高潮。这时，除了王戎硕果仅存外，无论是竹林名士还是魏末迫害竹林名士的礼法派官员，都已离开了人世，魏末的血案，已与在位的当权派无关。竹林名士不得已而反礼法的过激言行，符合新一代的玄学青年"元康放达派"的胃口，而王戎的政治与学术地位，则对"竹林之游"在两晋之际的流传，起了直接作用。元康时期，王戎以尚书仆射领吏部，后迁司徒，长期主管选举，一手扶植了以其从弟王衍为代表的中朝名士上台，堪称元康玄学的后台元老。而王衍提拔的族弟王导、王敦，后来按其部署，辅佐司马叡创建了东晋王朝。王敦、王导元康时期曾追随王戎、王衍等前辈参加清谈的经历，是他们在东晋时经常炫耀的文化资本。但是，王衍有清谈误国和媚敌求生的劣迹,在东晋初期的士人社会中名声不佳,因此以王导为代表的东晋琅琊王氏家族,选择了王戎为家族先贤。嵇康、阮籍在两晋之际的威望与日俱增,宣扬"竹林之游",对提高王戎以至该家族在士族清流社会中的地位,有着重要意义,于是王戎重游竹林的故事在东晋初期广为流传。如果这个传说可靠,"竹林之游"一词最早出处,来自王戎之口:

> 王濬冲为尚书令,着公服,乘轺车,经黄公酒垆下过,顾谓后车客:"吾昔与嵇叔夜、阮嗣宗共酣饮于此垆,竹林之游,亦预其末。自嵇生夭、阮公亡以来,便为时所羁绁。今日视此虽近,邈若山河。"刘孝标注引《竹林七贤论》:"俗传若此。颍川庾爱之尝以问其伯文康,文康云:'中朝所不闻,江左忽有此论,皆好事者为之也。'"①

文中的文康是庾亮(289—340),少年时代在西晋上层度过,对东晋初期流传的关于王戎重游竹林的说法,持否定态度,认为是"好事者"造出来的。那么,是谁如此好事呢?毫无疑问,只能是这个传闻的受益者,即东晋

① 《世说新语·伤逝》,第637页。

第一名门望族——琅琊王氏家族。王导主持的清谈场,是东晋初期竹林七贤热的发源地,《世说新语·文学》:"旧云王丞相过江,止道'声无哀乐''养生''言尽意'三理而已。"这三理中的前两理,系嵇康发明。"取乐竹林,尚想蒙庄",出自王导丞相掾李充的《吊嵇中散》,是东晋最早将嵇康与"竹林"联系在一起的散文。庾亮极力否认王戎重游竹林之事,意在抵制其政敌琅琊王氏家族的政治影响,是颍川庾氏与琅琊王氏的"江州之争"所致①。但庾亮只是否认王戎到竹林旧地重游的传说,或许暗示王戎未曾参加过竹林之游,而绝非否认竹林之游本身的存在。当时东晋政界的要员即所谓"中兴名士",实际上多由西晋中朝名士南渡组成,凭空编造王戎与竹林七贤的故事,是不近情理的,不可能得到广大中朝——中兴名士的认可,也无法流行。况且,现存史书中最早明确记载"竹林七贤"者,便是庾亮的亲信幕僚孙盛。

据张可礼先生考证,孙盛西晋永嘉三年(309)10 岁时渡江南下②,到东晋建立的建武元年(317)已是 18 岁

① 详见田余庆:《东晋门阀政治》,北京大学出版社,1989 年版,第 105—129 页。

② 张可礼:《东晋文艺系年》,山东教育出版社,1992 年版,第 30 页。以下有关孙盛的任职时间均出自该书。

少年,属第一代东晋名士,比在江左出生的第二代东晋名士谢安(320—385)年长20岁。由此可见,有些学者提出的"竹林七贤"起于谢安说,很难成立。咸和六年(331),孙盛入仕,"举秀才,起家著作郎";自咸和九年(334)起,任征西将军庾亮主簿,后转参军,长期在武昌。此时,殷浩任庾亮记室参军,孙、殷二人均为著名的大清谈家,不仅在武昌论战,而且时常"下都",到首都建康,作为著名辩手,参加王导、司马昱等人举办的清谈会。《世说新语·文学》多有记载,如以下三条:

> 殷中军为庾公长史,下都,王丞相为之集,桓公、王长史、王蓝田、谢镇西并在。丞相自起解帐带麈尾,语殷曰:"身今日当与君共谈析理。"既共清言,遂达三更。

> 孙安国往殷中军许共论,往反精苦,客主无间。左右进食,冷而复暖者数四。彼我奋掷麈尾,悉脱落,满餐饭中。宾主遂至莫忘食。

> 殷中军、孙安国、王、谢能言诸贤,悉在会稽王许。殷与孙共论《易象妙于见形》。孙语道合,意气干云。一坐咸不安孙理,而辞不能屈。

孙安国即孙盛。史书虽然未留下孙盛与王导交往的记载,但从其在王、庾争斗中对王导的友好态度①,可以推测他很可能与王导有过交往,或参加过王导主持的清谈。通过孙盛、殷浩等在东晋上层学术"沙龙"中的活动,可以看到他们与南渡的西晋中朝名士(即中兴名士)有密切交往。显然,在这种文化环境中,孙盛凭空大量杜撰关于竹林七贤活动的细节,是不可能的。合理的解释是,中兴名士中流传的关于"竹林七贤"的故事,被孙盛所收集整理,最后融铸在其撰写的曹魏断代史《魏氏春秋》中:"康寓居河内之山阳县,与之游者,未尝见其喜愠之色。与陈留阮籍、河内山涛、河南向秀、籍兄子咸、琅邪王戎、沛人刘伶相与友善,游于竹林,号为七贤。"②

虽然七贤共聚竹林的时间是短暂的,远不如嵇康与向秀、吕安的灌园锻铁持久,也不如嵇康与郭氏兄弟的交往实在,它只是竹林之游中的一景,然而却由于特殊的时代因缘,通过孙盛之笔,作为魏末清流名士的象征,在历史的记忆中定格了。

(本文原载《历史研究》2001 年第 5 期)

---

① 《晋书》卷八十二《孙盛传》:"时丞相王导执政,亮以元舅居外,南蛮校尉陶称谗构其间,导、亮颇怀疑贰。盛密谏亮曰:'王公神情朗达,常有世外之怀,岂肯为凡人事邪!此必佞邪之徒间内外耳。'亮纳之。"
② 《三国志》卷二一《魏书·王粲传》注引《魏氏春秋》,第 606 页。

三、嵇康哲学新论

嵇康在其理论著作中既没有正面讨论宇宙本根"道"及其与社会政治的关系,也没有辨析"有无"问题,而是运用"形名学"这个魏晋时期共享的学术方法,从经验出发,辨名析理,探讨关于音乐、养生、性格、品德、相宅等具体规律——"理",其哲学的形上层面,似乎仍然是传统的元气阴阳五行学说。本文试图通过分析形名方法与元气阴阳五行说在嵇康理论建构中的功能,进入其哲学内部睹奥。

(一)

何晏、王弼为代表的正始玄学主流派,以社会政治为建构理论体系的出发点和归宿。他们认为宇宙的本原"道",产生了万物及其规律,通过"有无之辩"掌握"道"的总规律,社会与人生的所有问题皆能得到总解决。因此其辨名析理的理论工作重心,是力求从各种具体规律中总结出一个可以统贯宇宙社会人生的"无为"总法则,称之为"至理"①

---

① 王弼:《老子道德经注·第42章》,见楼宇烈:《王弼集校释》,中华书局,1980年版,第118页。以下所引王弼文字,均出自该版本,仅列出书名和页码。

"理之极"①"不可名之理"②,为其"无为"的政治学说服务。"夫事有归,理有会。故得其归,事虽殷大,可以一名举;总其会,理虽博,可以至约穷也。譬犹以君御民,执一统众之道也。"③嵇康则不然,避世是其基本倾向,后期卷入政治斗争,实属不得已。在学术领域,嵇康关心的课题,不是宇宙规律与政治哲学,而是性命、音乐、人格等具体的"理"。李充《翰林论》说:"研核名理而论难生焉。论贵于允理,不求支离,若嵇康之论,成文美矣。"④嵇康的论文,大都创作于正始时期,主要代表作是《声无哀乐论》《养生论》《明胆论》《释私论》《难〈宅无吉凶摄生论〉》⑤。在上述五《论》中,他分别辨析了乐理、生理、才理、心理和命理学问题,在各相应的学科领域达到了相当高的水平,不仅丰富了正始玄学的理论,而且对玄学的发展产生了深远影响。

在魏晋思想界的语汇中,作为具体规律、法则的"理",是事物之间的必然联系。魏晋思想家认为,世界上存在多

---

① 王弼:《论语释疑》,第 622 页。
② 王弼:《论语释疑》,第 625 页。
③ 王弼:《论语释疑》,第 622 页。
④ 李昉等:《太平御览》卷五九五引李充《翰林论》,中华书局,1960 年版,第 2678 页。
⑤ 在与阮德如关于"住宅与命运关系"的论战中,嵇康写了《难〈宅无吉凶摄生论〉》和《答〈释难宅无吉凶摄生论〉》二篇论文。因论题相同,在此仅算"五论"中的一论。

种"理",不可胜数且并行不悖,使自然与人类社会秩序井然,王弼说:"物无妄然,必由其理。"①刘邵《人物志·材理》将众理划归四个领域:"夫理有四部,若夫天地气化,盈虚损益,道之理也。法制正事,事之理也。礼教宜适,义之理也。人情枢机,情之理也。"道之理,指自然规律。事之理,指政治法律规律。义之理,指道德伦理规律。情之理,指心理活动规律。如果细分下去,万事万理,不可穷尽。的确,在稽康笔下,物物有"理",事事有"理",如"至理""常理""天理""人理""自然之理""喜怒之理""哀乐之理""宫商之理""公私之理""性命之理"等等,不胜枚举。

从经验出发,深入辨析事物之"理",是稽康治学的突出特点。他不盲从圣人语录和历史记载,运用"形名"方法,以理性主义的态度去审视前人创造的概念和命题,立自己的一家之言。所谓"形名"方法,亦称为"名理"方法,是魏晋时期通行的学术方法,其特点是从经验出发,透过事物的现象(形),分析其属性(名实),发现其中的规律(理),大致由两个层次构成:

(一)"名实"方法。这一方法最重要的三个范畴是"名""形""实"。名,是指事物的名称;形,是指事物的现象;实,是指事物的本质。魏晋人认为,三者的正确关系

---

① 王弼:《周易略例·明象》,第591页。

是：事物的"实"不可目见，只能通过"形"表现出来，通过对"形"的特点概括，产生了相应的"名"。但是，"名"与"实"之间存在"形"这个中介，因此"名"的内涵，能否与事物的本质"实"一致，需要进行反复的"形名互检"才能完成。王弼在《老子指略》中说："名也者，定彼者也。""不能定名，则不可与论实也。"

（二）"辨名析理"方法。这一方法最重要的三个范畴是"名""分""理"。所谓"分"，指"差异"，指事物属性之间的差异，表现为"概念"之间的差异。所谓"辨名"，便是比较概念之间的异同；"析理"是揭示两者之间的规律"理"。这需要反复地从不同角度比较概念内涵的异同，并且研究概念外延之间的逻辑关系，所以史书常常称之为"校练名理"或"精练名理"。王弼在《老子指略》中云："不能辨名，则不可与言理。"

纵观嵇康的论文，他灵活运用了上述方法，辨析了乐理、生理、才理、心理和命理学。在辨析诸理的过程中，如果存在名实不符的问题，嵇康首先运用名实方法，从普遍经验出发，分析所讨论事物的性质，正确界定概念；如果基本概念不存在争议，则可直接运用"辨名析理"方法，比较名"分"之间的关系，析出规律，这是研究问题的目的所在。

首先，看嵇康对名实方法的运用。在《声无哀乐论》开篇，嵇康即用名实方法考察"声音"与"哀乐"各自的名实关系,否定了音乐与情感的联系。

> 斯义久滞,莫肯拯救。故令历世,**滥于名实**。……夫天地合德,万物贵生。寒暑代往,五行以成。故章为五色,发为五音。音声之作,其犹臭味在于天地之间。其善与不善,虽遭遇浊乱,其体自若,而不变也。岂以爱憎易操,哀乐改度哉?及宫商集化,声音克谐,此人心至愿,情欲之所钟。……夫内有悲痛之心,则激切哀言。言比成诗,声比成音。杂而咏之,聚而听之。心动于和声,情感于苦言。嗟叹未绝,而泣涕流涟矣。夫哀心藏于苦心内,遇和声而后发;和声无象,而哀心有主。夫以有主之哀心,因乎无象之和声,其所觉悟,唯哀而已。岂复知吹万不同而使其自已哉。……今以甲贤而心爱,以乙愚而情憎。则爱憎宜属我,而贤愚宜属彼也。可以我爱而谓之爱人,我憎而谓之憎人?所喜则谓之喜味,所怒则谓之怒味哉?**由此言之,则外内殊用,彼我异名。声音自当以善恶为主,则无关于哀乐。哀乐自当以情感,则无系于声音。名实俱去,则尽然可见矣。**①

---

① 嵇康:《声无哀乐论》,见戴明扬:《嵇康集校注》,人民文学出版社,1962年,第197—200页。以下所引嵇康文字,均出自该版本,仅注明篇名和页码。有个别处标点,笔者据文意作了改动。

嵇康认为,在音乐本身是否存在情感这个问题上历代"滥于名实"。木、火、土、金、水五行之气,演化为角、徵、宫、商、羽五音,有独立不变的实体,不会因人的欢乐、悲哀而发生任何音质的变化。各地风俗不同,表达情感的声音各异。有些地方以哭声表达欢乐,歌声表达悲哀,足以说明声音无哀乐性质。声音虽然没有情感,但和声可以感人。因为人心由五行之气中和而成,故遇到角、徵、宫、商、羽五音组成的和声,则因"气"的同构性而发生谐振,将心中已有的情感激发出来。例如人们听悲歌时,受歌词的感染,产生了悲情,并被和声激发出来,于是痛哭流涕。不是声音本身有悲哀,而是悲哀已产生于内心,遇和声而发。悲哀之情可见,而和声无法察觉。于是,人们误认为悲哀由音乐输入,殊不知是自己心中已有之情。其原理正如庄子所言:风吹万物发出万种声音,不是风声不同,而是万物形状各异所致。哀乐之情是心的属性,音质的优劣才是声音的属性,犹如甘苦是味的属性。我们不能依据自己的好恶,将人定名为"爱人"和"憎人",不能将滋味定名为"喜味"和"憎味",同样不能将音乐定名为"快乐音乐"和"悲哀音乐"。因为情感、音乐、滋味各有"名实"。认定声音有情感,犯了名实不符的错误。由此,嵇康推出了"声无哀乐"之理。

其二,嵇康在《释私论》中运用"辨名析理"方法,对

"公私"与"是非"两组概念进行界定:"**夫私以不言为名,公以尽言为称,善以无吝为体,非以有措为负。**"①"是非"是指人们思想情感的正确、高尚与错误、鄙劣,而"公私"则是指人们对待自己思想感情的态度,指"公开"与"隐匿"两种品质,而与公开或隐匿的思想内容无关。比如有人心怀善意,但将善意隐匿着,属于"私";有人心存不良念头,但将不良之念全部说出来,则属于"公"。为了鲜明区别两者,稽康以东汉清官第五伦的故事为例作了分析。有人问第五伦是否也有私心时,第五伦回答:"过去曾有人赠送我千里马,我虽然没有接受,但每逢选拔官员时,心里总忘不了他。哥哥的儿子生病时,我一夜去探视十次,但是回家后睡得很安稳;自己的儿子病了,我虽然没去探视,但晚上却失眠了。这也许就是私心吧。"稽康认为,第五伦上述情感的内容,属于"是非"问题,而不是"公私"问题,第五伦将自己隐情披露出来,属于"无私";对兄子探视而不关心,属于"有非"。如果将第五伦的行为定义为"私",则是混淆了"公私"之理。"今第五伦显情,是(非)无私也;矜往不眠,是有非也……今第五伦有非而能显,不可谓不公也。所显是非,不可谓有措也。有非而谓私,不可谓不惑公私之理也。"②

---

① 稽康:《释私论》,第 242 页。
② 稽康:《释私论》,第 243 页。

毫无疑问,"形名学"是嵇康分析诸"理",建构自家理论系统最重要的学术方法。尽管嵇康没有以"有无之辩"讨论宇宙本体论问题,但并不意味着其学术探讨仅局限于枝节问题,或追求高级智力游戏所获得的思辨愉悦。嵇康辨析的"众理",有着共同的指向,那就是解决安身立命的人生哲学问题。

(二)

研究事物的规律,离不开哲学理论的支持。在形上层面,正始玄学存在以何晏、王弼为代表的贵"无"本体论和以嵇康、阮籍为代表的元气宇宙论两大学派。前者突破了元气说的旧形式,以"新学"面目出现,后者则继承并改造元气说旧形式,阐发玄学新论。尽管对中国哲学发展的突出贡献是以"有无之辩"形式出现的本体论,但这仅是极少数大哲学家才能达到的抽象思维高度,对广大受玄学影响的士族知识分子来说,元气自然论的影响不可低估。事实上,如果将元气视为构成事物的材料,而不表达神秘宇宙意志,只是自然发挥作用的话,那么,它同样可以为玄学提供理论支持。

嵇康在其论文中没有正面讨论宇宙生成和宇宙结构论问题,仅在其诗文中作过简单的文学表述,但其思路还是清晰的,即采用了汉代元气宇宙论的一般观点。在其笔下,元气是构成天地万物的本原,也可以称之为"太素"和"一"。他借用了汉代宇宙生成论的一般说法,以元气→阴阳→五行的气化过程。表述了元气与万物的生化关系。他在谈到宇宙发生时这样写道:"夫元气陶铄,众生禀焉。"① "浩浩太素,阳曜阴凝,二仪陶化,人伦肇兴。"②天地万物生成后,有形的大千世界千差万别,而其构造材料,均是无形的元一、阴阳、五行之气。阴阳五行的运动规律,如阴阳的升降动静,五行的相生相克,必然影响事物的性质及其运动规律。因此,嵇康在辨名析理的论战中,引用了元一阴阳五行学说,作为其立论的重要依据,支持关于才理、心理、命理、乐理、生理的理论。请看:

其一,"明、胆"之理与阴阳二气。嵇康在《明胆论》引用了阴阳二气各自独立,又相互作用的原理,反驳了吕安关于"明"(聪明)与"胆"(勇敢)关系的论点。吕安认为,聪明者必然勇敢,而勇敢者可以不聪明。这是因为,聪明可以产生勇敢,但勇敢不能产生聪明。嵇康反驳道:阴阳二气在人体分别产生了聪明与勇敢。阳气之精华生成了智慧,使之照见外物,明察一切;阴气之精华凝结为胆气,使之勇敢决断。阴阳二气之间互相感应,互相作用

---

① 嵇康:《明胆论》,第 249 页。
② 嵇康:《太师箴》,第 309 页。

(激发),阳气可引起阴气的运动,所以聪明可以激发勇气,即聪明照见外物,使勇敢有了明确的方向,促使其敢于决断。由此可见,(阳气)聪明对(阴气)勇敢的作用,是激发而不是生成。"明胆异气,不能相生。"①"二气存一体,则明能运胆。"②再者,并存于人体中的阴阳二气有强弱变化,故聪明和勇敢素质也会有量的差异,只有程度不同。没有独禀阴气的人,仅具勇敢一种品质,勇敢无须聪明而独立存在的说法也不能成立。"案子之言,此则有专胆之人,亦为胆,特自一气矣。五才存体,各有所生,明以阳曜,胆以阴凝,岂可为有阳而生阴,可无阳耶?"③

其二,"公私"之理与元气。在《释私论》中,嵇康指出,秉受元气的质量与人们的素质、生命境界、处世方式不可分割。例如,君子之所以襟怀坦白,光明磊落,与其所秉气及体质有关。"夫称君子者,心无措乎是非,而行不违乎道者也。何以言之?夫气静神虚者,心不存于矜尚;体亮心达者,情不系于所欲。"④"至人"人格高于君子,达到了忘我之境,原因是其素质"抱一而无措,则无

---

① 嵇康:《明胆论》,第 249 页。
② 嵇康:《明胆论》,第 253 页。
③ 嵇康:《明胆论》,第 254—255 页。戴明扬注:"吴钞本'为'字作'谓'。案此处有夺误,疑当作'岂可谓有阳可无阴,有阴可无阳耶?'"
④ 嵇康:《释私论》,第 234 页。

私无非"①。

其三,"宅有吉凶"之理与五行之气。为了证明建宅选址存在吉凶,能对户主的命运产生影响,嵇康运用了五行相克理论。他在《答〈释难宅无吉凶摄生论〉》中说,人类的姓氏发音归为角、徵、宫、商、羽五音,分别由木、火、土、金、水五行之气所生。五行之气之间存在着有规律的相生相克的关系,不可任意结合,因而人类同姓之间不可通婚,否则对繁育后代不利。土地也由五行之气所成,有不同种类。不同种类的土地与不同姓氏的人之间,存在着相生相克的关系。同气相求,同声相应,是自然之理。音乐常识已表明,声音频率不同,两根相邻的弦不会产生共振;声音频率相同,相距很远的两根弦也会共振。土地含气不同,与不同声音存在着不同的相生相克关系。例如火型地区,适宜属土的宫姓(火生土),却不适合属金的商姓(火克金),就像良田土质不同,适宜种植不同的农作物一样。"人姓有五音,五行有相生,故同姓不昏,恶不殖也。人诚有之,地亦宜然。"②

其四,"声无哀乐"之理与五行之气。嵇康在《声无哀乐论》中,以五行之气说明为什么音乐无情感却能以和声

① 嵇康:《释私论》,第243页。
② 嵇康:《答〈释难宅无吉凶摄生论〉》,第305—306页。

动人。他指出,气的振动产生了声音,本身无哀乐之情,也不能携带人类的任何情感。声音之所以能感人,是因为和声的作用。人心由五行之气中和而成,故遇到五音(五行之气)组成的和声,则因"气"的同构性而发生谐振,将心中已有的情感激发出来。"五行以成,故章为五色,发为五音。……然声音和比,感人之最深者也。……夫哀心藏于内,遇和声而后发,和声无象而哀心有主。"[1]

其五,"养生"之理与元气。嵇康《养生论》的主题是:通过"辅养"可以延年益寿,而"辅养"的手段——清心寡欲、辟谷服食、呼吸吐纳、还精内视、凝神守一等方法之所以成立,则是建立在人体"气"的生理学说基础上。例如,清心寡欲的目的,是"爱憎不栖于情,忧喜不留于意,泊然无感,而体气和平"。[2] 又如,服用"上药"的原理,是将上药的"神气"置换形体中因食用五谷杂粮产生的"秽气"。食物改变而使生物品质变异的现象,在自然界中比比可见:细腰蜂窃取桑虫幼子哺育,结果桑虫幼子长大后变成了细腰蜂;江南橘树,过江后因土质气候不同而变成了枳树。仙人服上药使形体发生变化,更是不争的事实。赤斧仙人服食丹药而毛发变红,涓子仙人服用术精而益寿延年,偓佺仙人服用松实而眼睛变方,不胜枚举。琼花

---

[1] 嵇康:《声无哀乐论》,第197—199页。
[2] 嵇康:《养生论》,第146页。

玉英、金丹仙草、紫芝黄精等,都是内含淳和元气的上等养药,散发着纯正的香气,可使五脏六腑清洁,置换人体禀气,使生理素质发生变化。"金丹石菌,紫芝黄精,皆众灵含英,独发奇生。贞香难歇,和气充盈,澡雪五脏,疏彻开明,吮之者体轻。又练骸易气,染骨柔筋,涤垢泽秽,志凌青云。"①

从以上举证可以看到,阴阳五行学说在嵇康理论建构中起到了重要作用。嵇康不否认这一点,他在《明胆论》中说,讨论情性问题应当从禀气谈起。"夫论理性情,析引异同,固寻所受之终始,推气分之所由,顺端极末,乃不悖耳。"②

(三)

需要指出的是,在嵇康哲学中,阴阳五行之气只是构成事物的材料,事物一旦形成,便不再是阴阳五行的简单复制,而是有了独特的"自然之性"和"自然之理"。例如声音虽是五行之气生成,但已有独立的性质,其特性不再是五行生克,而是音质的清浊、音阶的高低、音色的美与不美。"音声之作,其犹臭味在于天地之间,其善与不善,

---

① 嵇康:《答〈难养生论〉》,第184—185页。
② 嵇康:《明胆论》,第252—253页。

虽遭遇浊乱，**其体自若而不变也**。"①至于音乐，更是如此，乐器不同、节奏快慢不同，音乐性质亦发生变化。音乐之理——音乐对人心的影响，只能引起兴奋与抑制、注意与分散诸类生理—心理变化，与阴阳五行无关。"琵琶筝笛，间促而声高，变众而节数，以高声御数节，故使形躁而志越。犹铃铎警耳，钟鼓骇心。……琴瑟之体，闻辽而音埤，变希而声清，以埤音御希变，不虚心静听，则不尽清和之极，是以听静而心闲也。夫曲用不同，亦犹殊器之音耳。齐楚之曲多重，故情一；变妙，故思专。姣弄之音，挹众声之美，会五音之和，其体赡而用博，故心侈于众理；五音会，故欢放而欲惬。**然皆以单复、高埤、善恶为体，而人情以躁静专散为应**。譬犹游观于都肆，则目滥而情放；留察于曲度，则思静而容端。此**为声音之体**，尽于舒疾；情之应声，亦止于躁静耳。"②

又如在"成命之理"这个阴阳五行学说最盛行的领域，嵇康极少运用此说，在与阮德如关于"宅有无吉凶"论战的两部长篇论文中，仅使用了一次（见上）。阮德如主张"相命"论，反对"宅有吉凶"。嵇康则认为，茫茫宇宙间存在许多深奥事物，人类目前所能解释的只是其中极少

---

① 嵇康：《声无哀乐论》，第 197 页。
② 嵇康：《声无哀乐论》，第 215—216 页。文中的"体"，与"性"同义。如《人物志》有《体别篇》，专门讨论性格分类问题。

部分,命运的形成便是其一。对此,不能简单对待。"况乎天下微事,言所不能及,数所不能分……天地广远,品物多方,智之所知,未若所不知者众也。"①由显入微、由此及彼地推导其内在规律,不为虚妄。经验表明,命运的形成可能与诸多因素有关,可能是"相命""住宅""占卜"与"信顺"(正确的生存方式)等多种因素共同作用的结果。犹如农夫技艺、时雨、良田,结合在一起才会获得好收成。"良田虽美,而稼不独茂;卜宅虽吉,而功不独成。相须之理诚然,则宅之吉凶,未可惑也。今信征祥,则弃人理之所宜;守卜相,则绝阴阳之吉凶;持知力,则忘天道之所存;此何异识时雨之生物,因垂拱而望嘉谷乎!"②总之,嵇康认为在"性命"问题这一深奥的学术领域,存在大量未知之"理",既不能迷信前人成说,也不能局限自己有限的知识,而是应当从普遍经验出发,深入辨析。

尽管嵇康认为阴阳五行之气的运行规律(阴阳五行之理)——同气相感、相生相克等规律,能影响万物之理,但并非决定万物之理。换句话说,阴阳五行规律也是众理之一。这是嵇康元气论与汉代经学元气宇宙论、黄老"道气"论的差异所在。其一,在汉代经学元气宇宙结构论体系中,万物的运行规律取决于宇宙气场中阴阳五行

① 嵇康:《难〈宅无吉凶摄生论〉》,第 282 页。
② 嵇康:《难〈宅无吉凶摄生论〉》,第 280—281 页。

之气与卦气的运行规律,故汉代经学家重"象数",探求"卦气"的运动规律,认为这是宇宙万物变化的终极动因。而嵇康虽然运用了"气"论,但是重心是从事物本身出发探求其"自然之理"。其二,战国秦汉黄老道法家的"道气"论认为,宇宙"大道"以元气形式生成天地万物,同时也生成了天地万物的运行法则——"法"或"理",例如《经法·道法》云:"道生法。"又如《韩非子·解老》说:"道者,万物之所然也,万理之所稽也。理者,成物之文也。道者,万物之所以成也。……故理之为物之制,万物各异理,而道尽稽万物之理。"而在嵇康的哲学术语中,"大道"不具有本原或本体意义,仅用于社会人生领域,指"以无为顺应自然"这种最佳的行为方式,它存在于人类社会的原始混沌状态,也是今人应当效法的最高行为准则。请看:

> **大朴**未亏,君无文于上,民无竟于下………及至人不存,**大道**陵迟,乃始作文墨,以传其意,区别群物,使有类族,造立仁义,以婴其心;制为名分,以检其外,劝学讲文,以神其教。[①]
>
> 默静无文,**大朴**未亏。万物熙熙,不夭不离。爰

---

① 嵇康:《难〈自然好学论〉》,第260—261页。

> 及唐虞……下逮德衰，**大道**沉沦，智惠日用，渐私其亲。①

> 然而**大道**既隐，智巧滋繁，世俗胶加，人情万端。利之所在，若鸟之追鸾。②

> 物情顺通，故**大道**无违；越名任心，故是非无措也……是志无所尚，心无所欲，达乎**大道**之情，动以自然，则无道以至非也。③

显然，嵇康笔下的"大道"，仅指"无为"这一宇宙中的根本规律，其唯一特征是顺应万物的自然本性和运行规律，即顺应万物之理，而不能生成万物之理。在嵇康与其他玄学家的语汇中，作为宇宙根本规律的"大道"，亦可称为"至理"，最高层次的"理"。在魏晋玄学家看来，"理"不是"物"，而是"物"运行时必然遵循的规律。因此，无论是"至理"，还是具体事物之"理"，它们之间不存在生成关系。

那么，作为事物必然遵循的规律，"理"由何生成？其本质是什么呢？魏晋思想界普遍认为，"理"是事物在"本性"的驱使下，与外物发生联系时表现出的必然趋势或规律。如公鸡的本性决定了其必然晨鸣，候鸟的本性决定

---

① 嵇康：《太师箴》，第310—311页。
② 嵇康：《卜疑》，第135页。
③ 嵇康：《释私论》，第234—243页。

了其必然迁徙。对人类来说,"本性"由多种属性构成,如生理属性、道德属性、审美属性等。这些属性表现为各种情感、欲望、意向,与相应事物发生联系,这些联系的内在规律,便是所谓"众理"。这个问题,裴頠在《崇有论》开篇,作了明确阐述:

> 夫总混群本,宗极之道也。方以族异,庶类之品也。形象著分,有生之体也。**化感错综,理迹之原也**。夫品而为族,则所禀者偏。偏无自足,故凭乎外资。**是以生而可寻,所谓理也**。**理之所体,所谓有也**。有之所须,所谓资也。资有攸合,所谓宜也。择乎厥宜,所谓情也。识智既授,虽出处异业,默语殊涂,所以宝生存宜,其情一也。**众理并而无害**,故贵贱形焉。①

显然,裴頠笔下的"理",是事物本性所决定的运动规律,有情类"本性"所产生的"欲望",是"理"产生的终极原因——"化感错综,理迹之原也"。西晋大玄学家郭象说:"任其**天性**而动,则**人理**亦自全矣。"②"患去而**性得者,达**

---

① 《晋书》卷三十五《裴頠传》。
② 《庄子·达生》郭象注。

理也。"①刘邵《人物志·材理》,从认识论角度,揭示了
"性"与"理"的关系:

> 夫建事立义,莫不须理而定……及其论难,鲜能
> 定之。夫何故哉？盖理多品而人异也……夫理多品
> 则难通,人材异则情诡；情诡难通,则理失而事违
> 也……夫理有四部……明有四家……若夫天地气
> 化,盈虚损益,道之理也……法制正事,事之理
> 也……礼教宜适,义之理也……人情枢机,情之理
> 也……**四理不同,其于才也,须明而章,明待质而行。**
> **是故,质于理合,合而有明,明足见理,理足成家。**是
> 故,**质性**平淡,思心玄微……能通自然,道理之家
> 也……**质性**警彻,权略机捷……能理烦速,事理之家
> 也……**质性**和平,能论礼教……辩其得失,义礼之家
> 也……**质性**机解,推情原意……能适其变,情理之
> 家也。②

刘邵上文大意为:"道之理""事之理""义之理""情之理"
四大领域的"理",有待于人们相应的明辨能力,才能得以

---

① 《庄子·达生》郭象注。
② 《人物志·材理》。

显彰,而明辨能力产生于相应的人才"质性"。当某种人的"质性"与同类的"理"相遇,便会激发出相应辨别能力"明",识别相应的"理",此人亦成为通晓某类"理"的专家。

　　嵇康没有抽象讨论论述"理"的来源,也没有正面论述"性"与"理"的关系。但是,与刘邵的思路相似,嵇康认为人类之所以能够运用形名方法辨析事物之理,是因为"性"与"理"是相通的。他指出,任何"理"都不会自行显现,需真正体悟此"理"之人发现。"世无自理之道,法无独善之术,苟非其人,道不虚行。"①而"析理"过程中,直觉体悟具有先导作用,但是悟出的"理",需要事实来证明。"夫至理诚微,善溺于世,然或可求诸身而后悟,校外物以知之者。"②"推类辨物,当先求之自然之理。理已定,然后借古义以明之耳。"③这表明,"理"存在于人"性"之中,否则无法体悟"理"。值得注意的是,嵇康在其论文中两次使用了"性理"这个概念:"故古人仰准阴阳,俯协刚柔,中识**性理**,使三才相善,同会于大通,所以穷理而尽物宜也。"④"君子知其若此,故准**性理**之所宜,资妙物以

----

① 嵇康:《难〈宅无吉凶摄生论〉》,第 274 页。
② 嵇康:《声无哀乐论》,第 197 页。
③ 嵇康:《声无哀乐论》,第 204 页。
④ 嵇康:《答〈释难宅无吉凶摄生论〉》,第 306 页。

养身。"①肯定"理"与"性"内在联系,并非玄学家首创,东汉大儒郑玄即持此说。在嵇康"准性理之所宜"句后,戴明扬引用了《礼记·乐记》郑玄注的说法予以解释:"《礼记》注:'理,犹性也。'"

总之,在嵇康哲学中,阴阳五行之气的运行规律不能直接决定具体事物的规律。因此辨析事物的性质及规律,不能简单地套用阴阳五行说。因为阴阳五行规律与事物的规律之间,不是生成(决定)关系,而是并行关系。基于这一认识,嵇康哲学的重心不是研究元气阴阳五行的演化规律,而是揭示事物的"自然之性"——"自然之理";其最重要的学术方法,不是"象数",而是"形名"。

研究事物的"自然之性"以及由此决定的"自然之理",是魏晋玄学最重要的理论特征。以动态的眼光看,玄学家"有无之辩"的真实目的,是消除传统的宇宙本根,以确立"自然之性"的本体地位。这个过程,从正始玄学的何晏、王弼开始,到西晋郭象那里完成。② 王弼在《老子指略》中明确指出,论述宇宙本根"无",目的是为了证明事物自然本性的合理性:"论太始之原以明自然之性。"③"夫欲定物之本者,则虽近而必自远以证其始。夫

---

① 嵇康:《答〈难养生论〉》,第 182 页。
② 详见拙作《郭象"性"本体论初探》,《哲学研究》2001 年第 9 期。
③ 王弼:《老子指略》,第 196 页。

欲明物之所由者,则虽显而必自幽以叙其本。故取天地之外,以明形骸之内。"①因此,王弼亦并非局限于探讨有无问题,而是在《周易注》和《论语释疑》中辨析了社会人生之理。例如王弼《周易注》的基本思路,就是将六十四卦,视为六十四种表达社会变化规律的"易理",运用形名方法,逐一分析《周易》"言""象",辨析其"意"(理)。又如在《论语释疑》中,"伦理"问题是探讨的主题。从这个理论层面看,在元气宇宙论与"有无"本体论形式下,嵇康与王弼殊途同归。

（本文原载《中国哲学史》2004 年第 1 期）

---

① 王弼:《老子指略》,第 197 页。

后记

　　应汤一介先生之约,我为中国十大道家人物丛书写了《嵇康评传》,1994 年由广西教育出版社出版后,我再也没有看一遍。因为我知道,随着知识积累与思想成熟,回头再看过去的作品,往往会为其中的错讹而脸红心跳。所以说,写作是一门充满遗憾的艺术。

　　今年,在青年编辑杨立军先生引荐下,上海古籍出版社决定出个《嵇康评传》增订版,易名《嵇康传》。这唤起了我再创作的冲动,准备将这些年的研究积累与人生感悟融入其中,写一本没有遗憾的书。然而,当我将此书重读了一遍后,有种恍若隔世的感觉。如果对《嵇康评传》大改,必然对其中的问题认真考证,用理性分析的手术刀肢解嵇康的生命,再缝合起来,写成一部新的学术研究著作,这显然不妥。如果不改,这些年养成的考据癖又技痒,感到有些问题有深入探索之必要。怎么办?我一度陷入两难境地,进退维谷。还是鲁迅先生下面这段话使我眼前一亮,瞬间顿悟。

> 听说:中国的好作家是大抵"悔其少作"的,他在自定集子的时候,就将少年时代的作品尽力删除,或者简直全部烧掉。我想,这大约和现在的老成的少年,看见他婴儿时代的出屁股,衔手指的照相一样,自愧其幼稚,因而觉得有损于他现在的尊严——于是以为倘使可以隐蔽,总还是隐蔽的好。但我对于自己的"少作",愧则有之,悔却从来没有过。出屁股,衔手指的照相,当然是惹人发笑的,但自有婴年的天真,决非少年以至老年所能有。况且如果少时不作,到老恐怕也未必就能作,又怎么还知道悔呢?
>
> (鲁迅《集外集·序言》)

人生犹如一条河流,有热情激越的青年时代,像奔腾而下的山溪;有沉稳平静的老年,像即将入海、缓缓流动的大江。八十年代末至九十年代初的中国,是一个理想主义激情四射的年代,而我正值三十多岁的盛年,心中充满了再现古人文化生命的激情。而后中国学术风向大变,转向了问题研究考证,我亦被裹挟其中二十多年。如今,已是六七十岁的老人了,虽然还没有心如古井,但是激情少而理性多,已经不是当年的我了。如果硬改,即使不作理性肢解,可能会再造一个老气横秋的嵇康。就像一个成年人,恐怕很难画出孩子笔下纯真无邪的大眼睛一样。任何文化作品,都是作者自己的心。

僧肇《物不迁论》云:"江河竞注而不流。"这是说,看起来奔流不息的江河,如果从每个时间点上观察,则是静止的。过去的,并没有消失,它留在了过去的时间中。同样,《嵇康评传》也留在了过去的时间中,它真实地反映了我生命中的一段时光,不能更改。于是,我打消了大改此书的念头。在增订版《嵇康传》中,只是略作改动,并增加了"附录"部分,收录了1994年后我撰写的与嵇康有关的3篇文章,作为"增订"的内容。

王羲之《兰亭集序》云:"向之所欣,俯仰之间,已为陈迹。"二十八年过去,弹指一挥间。扶我走上学术道路的恩师丁冠之、郑佩欣教授,余敦康、汤一介教授已经作古;当年为《嵇康评传》写书评的同辈友人王生平与陈炎兄,亦英年早逝。"观其姓名,已成鬼录。"(曹丕语)我们的时代过去了。这篇后记,也是对那段已经逝去的时光、那些难忘的师友们的"不能忘却的纪念"。

王晓毅

2021 年 12 月 25 日于清华大学荷清苑